これまでの単位

長さ＝m（メートル）

重さ＝g（グラム）

面積＝m^2（平方メートル）

土地面積＝a（アール）

体積＝m^3（立方メートル）

時間＝s（セカンド）

絶対温度＝K（ケルビン）

物質量＝mol（モル）

光度＝cd（カンデラ）

角度＝rad（ラジアン）

周波数＝Hz（ヘルツ）

力＝N（ニュートン）

圧力＝Pa（パスカル）

加速度＝Gal（ガル）

熱量＝W（ワット）

栄養熱量＝cal（カロリー）

エネルギー＝J（ジュール）

電気量＝C（クーロン）

電流＝A（アンペア）

電圧＝V（ボルト）

電気容量＝F（ファラド）

磁束＝Wb（ウェーバ）

磁束密度＝T（テスラ）

コンダクタンス＝S（ジーメンス）

インダクタンス＝H（ヘンリー）

電気抵抗＝Ω（オーム）

音圧＝dB（デシベル）

照度＝lx（ルクス）

放射能＝Bq（ベクレル）

吸収線量＝Gy（グレイ）

線量当量＝Sv（シーベルト）

【新しい】新しい単位

[カラー版]
世界単位認定協会 編

Nouvelles unités neuves
Association Internationale à l'Autorisation des Unités
Sekai Tan-i Nintei Kyoukai
in collaboration with BS fuji

扶桑社

速さや大きさに単位があるように、
「緊急事態」や「あっけなさ」にも単位が欲しい。
世界単位認定協会

本書の発刊にあたって

世界単位認定協会日本支部代表
重岡長介

私たちは「長さ」を表すのに「m(メートル)」を用います。重さを表すのに「g(グラム)」を用います。これらの単位は、誰もが日常的に使っています。しかし、ほんの50年ほど前までは、「長さ」を「尺」、「重さ」を「貫」として計量していました。このように自分たちで独自の単位を使っていた国は、日本だけではありません。世の中には「国」の数だけ「単位」があった。そんな状況だったのです。

18世紀になると、世界各国は他の国と交易を始め、盛んに文化を交流するようになりました。すると、単位がバラバラであることはとても不便だ、と気づくようになりました。「不便だから、新しい単位を考えて、みんなでそれを使いましょう！」そう言い出したのは、英語で道を尋ねられても自分の国の言葉で返すフランス人でした。フランス革命の後ですから、今から200年ほど前のことです。

フランスが提唱した世界共通の単位「メートル」と「グラム」はそれからおよそ100年の時をかけ、世界各国にジワジワと浸透していきました。国としては採用しないところもありましたが、科学者などは必ずこの単位を使うようになりました。

「メートル」と「グラム」がわが国に導入されたのは大正10年のこと、そして、愛用していた「尺貫法」が完全に廃止されたのは昭和34年のことです。以来、日本では長さに「尺」や「寸」を用いる人はフジアールの美術サンだけになりました。

私ども世界単位認定協会は、フランスが提唱した「メートル」や「グラム」を模範に、世界各国に広まるような新しい単位の研究を続けて参りました。既刊の「新しい単位」に掲載した単位も含め、私どもの提案する新しい単位が皆さまに認知され、広く浸透していくことを願っております。

Avant-propos

Chosuke SHIGEOKA
Représentant au Japon
Association Internationale à l'Autorisation des Unités

  Nous utilisons le «mètre» pour représenter la longueur et le «gramme» pour représenter le poids. Ces unités, tout le monde les enploie couramment de nos jours. Mais jusqu'il y a 50 ans, nous utilisions au Japon le «shaku» pour représenter la longueur et le «kan» pour le poids. Et le Japon n'est pas le seul pays à utiliser ses propres unités de mesure. Il y avait autant de système d'unités que de pays. C'était ainsi.

  Au 18e siècle, on a commencé à faire du commerce avec les autres pays, et les échanges culturels sont devenus de plus en plus fréquents. On s'est vite aperçu de l'incommoditité d'avoir plusieurs système d'unités. «Pour plus de commodité, créons un nouvel système que tout le monde utilisera». Ce sont les Français qui en ont eu l'initiative, eux qui s'entêtent à répondre en français même si on leur a demandé la route en anglais. C'était après la Révolution française, donc il y a à peu près 200 ans.

  Le système commun proposé par la France, c'est-à-dire le «mètre» et le «gramme», a mis près d'un siècle pour se propager dans le monde entier et pour être adopté Certains pays n'ont pas adopté ce système, mais les savants l'ont fait.

  Le «mètre» et le «mètre» sont introduits au Japon en l'an 10 de l'ère Taisho(1921). Et le système utilisé jusqu'alors de «shaku» et de «kan» a été officiellement aboli en l'an 34 de l'ère de Showa(1959). Depuis, il n'y a plus que le décorateur de sa société «Fuji-Art» pour persister à utiliser le système «shaku-kan».

  L'Association Internationale à l'Autorisation des Unités fait des études sur un système d'unités susceptible d'être adopté à travers le monde entier, en prenant modèle sur le système métrique proposé par la France. Avec les unités proposées dans l'ouvrage précédent «Les nouvelles Unités», nous espérons que les nouvelles unités que nous vous proposons ici soient divulguées et adoptées par le monde entier.

本書の使いかた

　本書はBSフジ内で放送中の『宝島の地図』シリーズ内の1コーナー、「STNK―世界単位認定協会」の単行本第2弾です。前作『新しい単位』が好評につき、このように続巻を発刊できるのは望外の喜びです。

　しかし、同時に一つ不満もあります。それはあれだけ好評であったにもかかわらず、実際に新しい単位を使っている人をまったく見かけないことです。単位は使ってもらえなければ、単なるローマ字の羅列にすぎません。

　確かに新しい単位普及の前に立ちはだかる困難は想像に難くありません。例えば、重量に関してまだ「重い」「軽い」「重くも軽くもない」という程度の基準しか持たなかった人々が初めて「キログラム」という新しい単位を使い始めたとき、便利だと思いつつもきっとこう思ったはずです。

　「なんか、ちょっと恥ずかしい」

　あるいは尺貫法に慣れた日本人が、「メートル」という新しい単位を初めて口にしたときもこう思ったに違いありません。

　「なんか、ちょっと照れくさい」

　このように、新しい単位を日常会話のなかで使うのには照れがあるという方は、まず手始めに日記やメールといった文章のなかで使ってみるのはいかがでしょう。

　「今日初めて彼女の部屋に行った。26Nip（ニッポリ）だった」とか「英語のテスト、ヤマがハズれて126Ott（オットット）だな」といった具合に。これならば会話で使うほどの照れくささはないはずです。

　そして近い将来、老若男女が日常生活の中で声に出して新しい単位を使う日が来ることを祈ってやみません。そうすると、ありふれた日常生活も急に彩りに満ちた、いろんな意味でリッチなものに見えてくるはずです。そして、ひとつ付け加えますが、本書はあくまで「実用書」です。ご家庭においては、「国語辞典」や「家庭の医学」といった本の隣に並べてください。

Comment utiliser ce livre

Ceci est le deuxième volume réalisé d'après «STNK-Association Internationale à l'Autorisation des Unités», une des rubriques de «La Carte de l'Île aux trésors», programme de BS-Fuji actuellement à l'antenne.

Le premier volume ayant connu un succès inattendu, nous sommes très heureux de pouvoir publier un deuxième, quoiqu'avec un brin de déception. En effet, malgré le succès foudroyant du volume précédent, il n'en reste pas moins qu'on ne trouve pratiquement personne qui utilise ce système de nouvelles unités. Les unités ne sont que simple énumération de signes si elles ne sont pas utilisées dans la vie pratique.

Cela dit, l'introduction des nouvelles unités dans la vie quotidienne est une tâche dure, il faut le reconnaître. L'homme d'autrefois n'avait comme notion de poids que «léger», «lourd» ou «ni lourd ni léger». Quand il a entrepris d'utiliser la nouvelle unité qui est le «kilogramme», tout conscient qu'il était de sa commodité, il a sûrement ressenti un certain sentiment de gêne.

Ou bien cet autre Japonais d'autrefois habitué à l'unité de mesure qui était le «shaku» ou le «kan» quand il a prononcé pour la première fois l'unité de mètre, il a dû certainement ressenti ce même sentiment de malaise.

Ainsi, pour ceux qui auraient quelque scrupule à utiliser ces nouvelles unités, nous recommandons vivement de les introduire, pour commencer, dans leur journal intime ou dans leur correspondance personnelle par mail.

Exemple:

«J'ai visité pour la première fois la chambre de mon amie. C'était 26Nip»

Ou encore,

«J'ai fait une impasse pour l'examen d'anglais. Raté. 126Ott†(soupir)»

Ainsi vous aurez moins de gîne ‡ûintroduire les unités que lors de la conversation courante.

Ce faisant, nous espérons vivement que d'ici peu tous les enfants de 7 à 77 ans les utiliseront à haute voix.

Est-ce nécessaire de préciser que ceci est un manuel pratique? Il a sa place à côté de votre Larousse ou de votre Encyclopédie de la santé.

Table des matières

#01 緊急事態 [1Ott]　　　　　　　　　　　　　　　010
① 手品ショーでステージに上げられそうになる緊急事態
② パーマに失敗する緊急事態
③ 校門で他校の不良が待ち伏せている緊急事態
④ ベンツが三台以上横付けされている緊急事態
⑤ ブラジャーがうまくはずせない緊急事態
⑥ 帰宅すると、隠していたエロ本が机の上に積んである緊急事態
⑦ サウナがそういう場所だった緊急事態
⑧ 我が子に「赤ちゃんはどうやったら生まれるの？」と聞かれる緊急事態
⑨ 洪水で家を流された西川峰子の緊急事態
⑩ 生理が来ない女性の緊急事態
　　生理が来ないと告げられた男性の緊急事態
⑪ パラシュートが開かない緊急事態
⑫ 「やっぱ、日本人は演歌だなぁ～」と思った瞬間の緊急事態

#02 ラッキー [1Rg]　　　　　　　　　　　　　　　018
① 間近に感じるシャンプーの香りのラッキーさ
② 歩道橋でパンチラに遭遇するラッキーさ
③ 落としたトーストのバターを塗った面が上になっていたラッキーさ
④ 上野動物園に行ったらパンダが起きていたラッキーさ
⑤ ヘルスで「本日入店の新人」に当たったラッキーさ
⑥ 捨て犬にエサをやる姿をマドンナに目撃されるラッキーさ
⑦ ゴミ同然と思っていたガラクタが高値と鑑定されるラッキーさ
⑧ ジャンボ宝くじで1等前後賞あわせて3億円大当たりのラッキーさ
⑨ 自宅の庭から突然温泉が湧き出るラッキーさ
⑩ 跡取りのいない石油王に気に入られ養子縁組するラッキーさ
⑪ 乗った飛行機が墜落したが奇跡的に生還するラッキーさ
⑫ 結婚して20年目を迎える今も妻がやさしいラッキーさ

#03 ヒーローっぷり [1Hi]   0 2 6

① 口笛を吹くヒーローっぷり
② レーシンググローブをはめるヒーローっぷり
③ お好み焼きを上手にひっくり返すヒーローっぷり
④ ゴキブリを退治するヒーローっぷり
⑤ アイドルと付き合ったことがあるヒーローっぷり
⑥ 「貴様ーっ!!」のヒーローっぷり
⑦ 「前の車を追ってくれ!!」のヒーローっぷり
　 「分かりました!!」のヒーローっぷり
⑧ 「案ずるな、峰打ちじゃ!」のヒーローっぷり
⑨ 「表に出ろ!」と言われるヒーローっぷり
⑩ 「ボクがやりました」とクラスを代表して手を挙げるヒーローっぷり
⑪ 結婚式で花嫁を奪い去るヒーローっぷり
⑫ 革命を起こすヒーローっぷり

#04 リッチさ [1Hjn]   0 3 4

① 百円単位の買い物をゴールドカードで支払うリッチさ
② 牛乳風呂に入るリッチさ
③ タッパーにフルーツのリッチさ
④ ジャケ買いするリッチさ
⑤ 留守中もクーラーをつけっぱなしにするリッチさ
⑥ タクシーにワンメーターだけ乗るリッチさ
⑦ 1円玉は捨てるリッチさ
⑧ 服を端から端まで買うリッチさ
⑨ 電車の切符を買ったことがないリッチさ
⑩ 女体盛りに興じるリッチさ
⑪ 男体盛りに挑むリッチさ
⑫ 宇宙旅行に旅立つリッチさ

#05 ありきたりさ [1Htr]   0 4 2

① 「何もしないから……」とホテルへ誘うありきたりさ
② 「一生のお願いだから!」と土下座するありきたりさ
③ セックスがいつも正常位のみのありきたりさ
④ 「今年の風邪はひどいらしい」と毎年言うありきたりさ
⑤ 「床屋さんで寝ちゃってさあ」と床屋さんをかばうありきたりさ
⑥ 「最近の若いモンは!!」と憤る老人のありきたりさ
⑦ エレベーターに乗ると階数表示を見るありきたりさ
⑧ 「全米ナンバーワンヒット」がうたい文句の洋画のありきたりさ
⑨ お正月をハワイで過ごす芸能人のありきたりさ
⑩ 北海道のお土産が「白い恋人」のありきたりさ
⑪ 「また、このメンバーで!」と語るプロデューサーのありきたりさ
⑫ 結局、違うメンバーで新番組を始めるプロデューサーのありきたりさ

#06 名残惜しさ [1cN]   0 5 0

① トイレを流す名残惜しさ
② ヒゲを剃る名残惜しさ
③ 美人とすれ違う名残惜しさ
④ 2千円札を使う名残惜しさ
⑤ タバコに火をつけたら電車が来る名残惜しさ
⑥ 残っているのに皿を片づけられる名残惜しさ
⑦ 離婚届に判を押す名残惜しさ
⑧ 王様ゲームが終了してしまう名残惜しさ
⑨ お気に入りのエロ本を捨てる名残惜しさ
⑩ 書類完成間近にパソコンがフリーズする名残惜しさ
⑪ モーニング娘。が解散してしまう名残惜しさ
⑫ 医師から余命半年と宣告される名残惜しさ

#07 バカっぽさ [1Chin]　　　　　　　　　　　　　　　　0 5 8

① おならに火をつけるバカっぽさ
② 野球拳に興じるバカっぽさ
③ プロレスファンのバカっぽさ
④ 巨乳好きのバカっぽさ
⑤ 記念写真はいつもVサインのバカっぽさ
⑥ 街頭インタビューのカメラに映り込むバカっぽさ
⑦ 声が異常にデカいバカっぽさ
⑧ 地図を回して見るバカっぽさ
⑨ 飲み会で一気コールのバカっぽさ
⑩ バナナの皮で転ぶバカっぽさ
⑪ 新しいオナニーを開発するバカっぽさ
⑫ パチンコ中に子供を死なせてしまうバカっぽさ

#08 モテっぷり [1Whr]　　　　　　　　　　　　　　　　0 6 6

① エレベーターの中で「何階ですか？」と聞かれるモテっぷり
② 「一口ちょーだい！」と言われるモテっぷり
　　一口飲ませてくれるモテっぷり
③ 飲み会に呼んでもらえなくなるモテっぷり
④ 女子高の若手男性教師のモテっぷり
⑤ セクシーな女性に囲まれるラッパーのモテっぷり
⑥ セクシーな女性にいじめられるラッパーのモテっぷり
⑦ 『ときめきメモリアル』をしている時に感じるモテっぷり
⑧ ギャバクラ嬢が携帯番号を教えてくれるモテっぷり
⑨ 家の前で待ち伏せされるモテっぷり
⑩ 空港で待ち伏せされるモテっぷり
⑪ 歌うだけでギャルが失神するモテっぷり
⑫ 教祖様になるモテっぷり

#09 玉にキズ [1Npr]　　　　　　　　　　　　　　　　0 7 4

① 子供に暴力をふるう
② 毛深い
③ 美女が蕎麦屋さんで「カうどん」をオーダー
④ 初めてパンティを脱がせる瞬間、自ら腰を浮かせてきた
⑤ お尻にポリポリと掻かれた虫刺されの跡を見つける
⑥ 美女が宗教に勧誘してくる
⑦ 不感症
⑧ 根性焼きの痕が羅列
⑨ 本人は美女なのに両親がそうでなかった
⑩ 父親がその筋の人だった
⑪ 美女の正体が結婚詐欺師
⑫ 美女なのに後ろ姿が変だった

#10 しつこさ [1bk]　　　　　　　　　　　　　　　　0 8 2

① キダムのしつこさ
② ロード・オブ・ザ・リングのしつこさ
③ 「ねぇ、愛してる？」と聞く女のしつこさ
④ ニュース速報のしつこさ
⑤ 電話ボックスに貼られるピンクチラシのしつこさ
⑥ 新聞の勧誘のしつこさ
⑦ 「志村〜、後ろ！　後ろ！！」と繰り返す子供のしつこさ
⑧ 「一人一人が家に着くまでが遠足だ！」という教頭先生のセリフのしつこさ
⑨ 「一時間800円！」というテレクラの呼び込みのしつこさ
⑩ コンサート中のギターソロのしつこさ
⑪ ブリトニーに迫るストーカーのしつこさ
⑫ 「宝島の地図」シリーズのしつこさ

#11 仲睦まじさ [1As]　　　　　　　　　　　　　　　　090
① ラブチェアを見ただけで生じる仲睦まじさ
② マクドナルドの店員のやりとりの仲睦まじさ
③ エアロビクス男女混合の部のカップルの仲睦まじさ
④ 連れションする仲睦まじさ
⑤ 橋田ファミリーの仲睦まじさ
⑥ 二人乗りする仲睦まじさ
⑦ ひざ枕で耳そうじをしあう仲睦まじさ
⑧ 二人三脚する仲睦まじさ
⑨ ペアルックの仲睦まじさ
⑩ ヘッドフォンのLとRで音楽を聴く仲睦まじさ
⑪ コアラと三原じゅん子夫妻の仲睦まじさ
⑫ 心中してしまう仲睦まじさ

#12 あっけなさ [1iː]　　　　　　　　　　　　　　　　098
① 三重県津市のあっけなさ
② 年季の入ったおばあちゃんの店で万引きするあっけなさ
③ ワンマン社長の一言で片付いてしまうあっけなさ
④ あっという間に過ぎ去った大正時代のあっけなさ
⑤ コマ撮りした作品を見て感じるあっけなさ
⑥ 我慢してたウンチを出すときのあっけなさ
⑦ ソープランドで童貞を捨てるあっけなさ
⑧ 全5回で終了の「宝島の地図よっ」のあっけなさ
⑨ 1万円札を10枚の千円札にくずしたあっけなさ
⑩ 犯人だとわかる役者が出ているサスペンスドラマのあっけなさ
⑪ テツandトモのあっけなさ
⑫ 核ボタンを押してしまうあっけなさ

#13 アナクロニズム [1Hkc]　　　　　　　　　　　　　　106
① 真冬に半ズボンでドッジボールをするアナクロニズム
② ベルトを締めすぎているアナクロニズム
③ 夕暮れに河原で水切りをするアナクロニズム
④ 兄弟ゲンカで「無量大数」と叫ぶアナクロニズム
⑤ 石鹸で洗髪するアナクロニズム
⑥ 日の丸弁当のアナクロニズム
⑦ 卒業式で第二ボタンをおねだりするアナクロニズム
⑧ 失恋して髪を切るアナクロニズム
⑨ ペアルックで愛情確認するアナクロニズム
⑩ つい、角刈りをオーダーしてしまうアニキのアナクロニズム
⑪ 彼女の家へ夜分遅く電話するアナクロニズム
⑫ Dカップに興奮するアナクロニズム

#14 達成感 [1Mco]　　　　　　　　　　　　　　　　　114
① 日記帳を買った達成感
② ラジオ体操のスタンプがいっぱいになった達成感
③ 100円ライターを使い切る達成感
④ カニの殻をすべて剥き、あとは食べるだけの状態にした達成感
⑤ あだ名で呼ばれるようになった達成感
⑥ 風俗嬢にプライベートで「よかった」と言われる達成感
⑦ 雑誌デビューする達成感
⑧ 雨の中、半裸で熱演する達成感
⑨ 日本アカデミー賞にノミネートされる達成感
⑩ 「徹子の部屋」に出演する達成感
⑪ 二時間ドラマでの熟女ヌードが不評になる達成感
⑫ 通販番組のレギュラーとして君臨する達成感

Sekai Tan-i Nintei Kyoukai

#01 緊急事態
[Situation d'urgence]

[ビールが溢れ、思わず「おっとっと」と口にする緊急事態] = *10tt* (オットット)

単位認定の経緯

「緊急事態」という言葉には、パトカーのサイレンが似合います。だからと言って安直に、「1サイレン」などという単位を作ってはいけません。そうすると、例えば「ビーチサンダルで犬のウンコを踏んづけてしまった」という状況を数値化する時に「0.2457サイレン」という面倒な数字になってしまうからです。

ウンコを踏んだ、という事態は誰にとってもそれなりに「緊急」でしょう。ましてや、サンダルで踏んだ、となるとかなりのピンチではないかと思います。ですが、言うまでもないことですが、ウンコごときでパトカーは出動してくれないのです。

「ビールを注ぐ時のおっとっと」ぐらい、ごくごく小さな「ほんのちょっとの緊急事態」を基本単位に設定することで初めてさまざまな状況を数値化できる。このことをしっかり覚えておきましょう。

STNK 世界単位認定協会

1 238 Ott　手品ショーでステージに上げられそうになる緊急事態

チケットを取ったときから、うっすら予感みたいなものはあったのです。最前列で手品ショーを見ていたら、突然、指名されてステージに上げられそうになる。この緊急事態っぷりは、238オットット。「トランプカードを一枚選ぶだけ」と言われても、硬貨を一枚渡すだけと知っていても、観衆の目にさらされるのです。緊張しないわけがありません。しかも、これが全国ネットで生放送されていたとしたら。ステージでドジをふんで、手品師に恥をかかせるようなことになったら、まさに失禁ものです。しかし、だいたいそれは前フリで、ちゃんと仕込みの人がいるものです。一安心。

2 376 Ott　パーマに失敗する緊急事態

たとえば、お気に入りのタレントの写真まで持参したのに、鏡の向こうに映るのは、全然知らない奴。パーマ失敗の緊急事態っぷりは376オットット。明日、笑いものになっている自分の姿が、容易に想像できます。ただし、この緊急事態、家に帰って、速攻でシャンプーとリンスをおこなう、そんな努力によって運良く回避できるかもしれません。まずは帰宅して、母親に笑われながらも風呂に駆け込みましょう。明日からの自分に希望を。そして、帰宅途中で知り合いにバッタリ出くわさないよう細心の注意を。見つかったことが、さらなる緊急事態へと導くのです。

3 | 437 Ott | 校門で他校の不良が待ち伏せている緊急事態

夕方、連続して放送しているテレビドラマの再放送を楽しみに、終業のチャイムを聞いて校門へダッシュ。ところが、校門では他校の不良が大挙して待ち伏せしている模様。こんなときに感じる緊急事態っぷりは、437オットット。早く帰りたい。裏口から帰るなんて弱気な態度にでるのも癪です。ただ、ドラマも見逃したくない気持ちでいっぱいです。ここはひとつ、他校の代表とタイマンの日程だけセッティングして、帰宅してしまいましょう。合理的に、かつ迅速に。あなたが、うちでドラマを見たいから後日改めて勝負することを見破られないよう、くれぐれもご注意ください。

4 | 456 Ott | ベンツが三台以上横付けされている緊急事態

路上にベンツが三台以上横付けされている光景を見たとき、それは456オットットクラスの緊急事態。これから一体、何がおこなわれるというのか、もしくは、もうおこなわれた後なのか。しかも、近くに建つビルとビルの隙間には、さっきからこちらを見ているスーツの男が。当然、ベンツの窓ガラスにはスモークが貼られ、車内の様子は不明。とにかく異様な迫力が醸し出されています。東京だと銀座、赤坂、六本木、新宿あたりでは、あまり珍しい光景でもないので、緊急事態と感じるか否かは、慣れもあるかと思われます。あまり慣れるものでもないのでしょうが……。

5 | 557 Ott | ブラジャーがうまくはずせない緊急事態

あと一枚！ というところで、ブラジャーがうまくはずせない。パンツはとっくに脱がしたのに！ 557オットットの緊急事態です。格好をつけて、片手ではずそうとするからです。別の作業は、この際いったんやめにして、もう一方の手も彼女の背中に回し、ブラジャーのホックをきっちりはずしてしまいましょう。間違っても「なんで、フロントホックじゃねーんだよ！」などと、逆ギレして泣きごとを言わないように。反対に、彼女がキレることになりかねません。日頃から、マネキンなどで片手はずしの練習を積んでおきましょう。緊急事態にそなえての訓練は大切です。

6 | 730 Ott | 帰宅すると、隠していたエロ本が机の上に積んである緊急事態

学校から帰宅すると、隠していたはずのエロ本が、机の上に綺麗に積み上げられている。その光景を見たとき、人は、いや男は、730オットットの緊急事態に陥ります。とりあえず、親と顔を合わせないために、食事を一回抜くくらいの覚悟が必要とされるでしょう。見つかったエロ本が緊縛写真集だったりしたらなおさらです。おそらく、エロ本を発見した際、母親は父親に報告しているはず。「それとなく、お父さんから注意してやってください」などと言っていたとしても、父親も若い頃、同様の緊急事態を体験しているはず。そこは理解しあえることでしょう。

7 | 2,530 Ott サウナがそういう場所だった緊急事態

あろうことか、サウナがいわゆるそういう場所だった。大変です。「一汗かくか」と、気軽に訪れたサウナ。ふと気がつくと、そこが、そういう方達のそういう場所だったと悟った瞬間に訪れる緊急事態っぷりは2530オットット。汗が一気に噴き出すことでしょう。これにより、新陳代謝も活発になり、健康状態も良好に。スポーツクラブのサウナも危険がいっぱい。緊急事態にそなえ、「いいえ、僕は違います」というオーラを身にまとっておきましょう。もちろん、バイオレンスな緊急事態ではありませんので、肩の力は抜いてください。

8 | 4,550 Ott 我が子に「赤ちゃんはどうやったら生まれるの？」と聞かれる緊急事態

夫婦二人の愛の結晶、純真無垢なる子供。そんな子供に「赤ちゃんはどうやって生まれるの？」と聞かれたときの緊急事態度は455オットット。ヘタに答えると、トラウマにならないとも限りません。充分な配慮が必要です。ここで、「コウノトリさんが、運んでくるんだよ」とか、「おへそから生まれたんだよ」とか、「卵から生まれたんだよ」などといった、その場限りの返事は禁物です。「うそ、セックスしたからでしょ！」と、ズバリ子供に言い当てられて慌てふためかないよう、日頃から質問事項を想定した解答案を作成し、子供が寝たあとに練習しておきましょう。

9 38,000 Ott　洪水で家を流された西川峰子の緊急事態

王道の緊急事態と呼べるものといえば、やはり災害が挙げられるでしょう。なかでも西川峰子さんの自宅を押し流した洪水は、3万8000オットットの数値を記録しました。記念にとってあったステージ衣装や大切な宝石類、主演した番組や舞台の台本。俳優やプロデューサー達からのプレゼントの数々。それはそれは、貴重なものばかりであったに違いありません。持ち歌『あなたにあげる』とばかりに、川に持っていかれました。これからは、大切なものを貸し金庫やトランクルームなど、流されないところに移動しておきましょう。西川さんの一件から学んだオットット対策です。

10 58,000 Ott　生理が来ない女性の緊急事態
　　　98,000 Ott　生理が来ないと告げられた男性の緊急事態

人生の岐路にいきなり立たされました。生理が来ない。5万8000オットット。もう、オットットどころの騒ぎじゃありません。生理が来ないことに気づいた女性以上に、生理が来ないことを知らされた相手男性の方がよりオットットが高い緊急事態です。報告してきた女性が、もしかしてバッテリーとして組みたい相手ではなく、セカンド、サード、あるいはライト、レフトあたりのポジションだったら……。あくまでも作り笑いで、ひとまずおめでとうだけ言って、腹をくくりましょう。一人で悩んでいても、解決できる問題ではないのです。

11 100,000 Ott　パラシュートが開かない緊急事態

朝、出かける前の情報番組で見た星占いが最低の12位だったときに、気づくべきだったのです。スカイダイビングはやめておくべきだったのです。よりによってパラシュートが開かないだなんて。まさしく人生最大のピンチ到来。生理が来ないと告げられた男性に匹敵するオットットの数値の高さです。バンジージャンプやジェットコースターなどの緊急事態の数値とは比べものになりません。非日常的であるほど、そこで遭遇する緊急事態は大ごとなのです。エロ本が見つかったくらいで、大騒ぎするなんて。数値で比較してみると、事態の深刻さが伝わるかと思います。

12 305,000 Ott　「やっぱ、日本人は演歌だなぁ〜」と思った瞬間の緊急事態

緊急事態は、なにも状況だけを表すものではありません。ラジオなどから流れてくる演歌につい耳を奪われ、「やっぱ、日本人は演歌だなぁ〜」と思った瞬間、それは老化への第一歩。ポップス感覚で氷川きよしを聴きはじめ、坂本冬美、山本譲二、石川さゆり、吉幾三、八代亜紀、森進一、北島三郎と、大御所のCDを買い漁り、寝る間も惜しんで聴きまくった挙げ句、カラオケで曲目集の演歌の欄をまっ先に開くまでになってしまう。どこからか「もう若くはないぞ」という警告が聞こえてきています。でも、日本人の心だとか言い訳をしながら、また口ずさんでしまうのです。

Sekai Tan-i Nintei Kyoukai

#02
ラッキー
[Une Chance]

$$\left[\begin{array}{c}\text{レジで「お待ちのお客様どうぞ」と}\\\text{言われるラッキーさ}\end{array}\right] = 1 \overset{\text{レジ}}{Rg}$$

単位認定の経緯

「宝島の地図」という番組の中で、「近頃ツイてる」という幸運な人と「ちっともツイてねえ」という不運な人を集めてクジを引かせる実験をしました。すると、どちらもアタリを引く確率は変わらない、というあたりまえのような結果が証明されたのです。

「ツイてる人」はアンラッキーな出来事を忘れてしまう楽観主義者で、「ツイてない人」はアンラッキーをクヨクヨ抱え込む悲観主義者。要するに、違いはあくまでもキモチの問題だということ。

だからこそ、この「ラッキー」のような実体の見えにくいモノだからこそ、単位が必要なのではないか。私たちはそう考えました。

同じように嬉しいラッキーな出来事も、一体どちらがどれぐらいラッキーなのか、その差をきちんと比較したり、客観的に判断するためにも。

STNK 世界単位認定協会

1　3Rg　間近に感じるシャンプーの香りのラッキーさ

日常のなかにある小さなラッキー。それは、通勤電車など普段は息苦しく不快な場所にほど、突然訪れるものです。何げなく空いた席に腰掛け、しばらく電車に揺られていると、次の駅で乗車したうら若き女子学生が、数ある空席のなかから自分の隣を選択し腰をおろす。しかし、この時点では、まだラッキーの範疇にはカウントされません。ただし、この女性が居眠りを始め、自分の肩を枕にすることになれば話は違います。ここで間近に感じる、ラブコメ気分の恋コロンな香り。嗅覚を満足させる段階まで到達すれば、まずは間違いなくラッキーといえます。

2　8Rg　歩道橋でパンチラに遭遇するラッキーさ

少し遠回りになりますが、斜め横断するのをこらえて歩道橋を渡ろうとした時、神様のいたずらか、突風により自分より先に階段を上っていた女子学生のパンチラに出くわす。これは、視覚的ラッキーといえましょう。8レジがカウントされます。ただし、この偶然のラッキーを、自分から求めてしまっては大変なことになります。「ミニにタコが……」などと、醜く言い訳することになりかねません。注意しましょう。また、ミニスカートでパンツ丸見えは、あまりラッキーとは言わないので、注意しましょう。この場合、スカートは長ければ長いほど、よいのです。

3 | 12 Rg　落としたトーストのバターを塗った面が上になっていたラッキーさ

慌ただしい朝の時間。食卓で口に運ぼうとしたトーストを、うっかり床に落としてしまうことが、たまにあります。しかし、落ちたトーストはバターを塗った面が上になっていた。このセーフティーなラッキーは12レジです。試しに、この真逆の状況を想像してみてください。ホコリや抜け毛、見たこともない小さな生物など、とんでもない物がバターに付着。それが朝のすがすがしい時間を襲い、一日を台無しにすることを考えたら、バターを塗った面が上になっていることは、12レジに充分値する出来事なのです。できれば3秒以内に拾って食べましょう。

4 | 35 Rg　上野動物園に行ったらパンダが起きていたラッキーさ

たまの休日に、家族を連れて上野動物園に行ったら、いつもはぐっすり寝ているパンダが起きていた。35レジ。「今さらパンダ?」とは思うものの、つい頬がゆるみます。しかも、こちらを向いてエサを食べたり、ぐるぐる歩き回ったり、可愛い仕草で愛想を振りまいてくれたら、この日のパンダはラッキーの大盤振る舞い。35レジ以上の価値は大いにあります。ただ、こちらに手をふったり、不自然な動きをした場合、そこは上野動物園でないばかりか、パンダが着ぐるみである可能性さえあります。理由はいろいろ考えられますが、見なかったふりをして通りすぎましょう。

5 | 180 Rg | ヘルスで「本日入店の新人」に当たったラッキーさ

ヘルスへ行ったら、「本日入店の新人」に当たった。これぞラッキー、180レジ。ちょっと好みの女の子を指名して、初めて交した挨拶で「あたし〜、このお仕事〜、今日からで〜、初めてのお客さまんで、よろしくお願いします……」などと、はにかみながら公表されたら、もう大変です。まだ青かった十代の自分に逆戻りの脳内カーニバル。もう、マットプレイも素股フィニッシュも要りません。初恋気分で語りあいましょう。しばらくのあいだは、このラッキーをオカズに、おいしいご飯が召し上がっていただけることと思います。紳士的な振る舞いをのぞみたいものです。

6 | 680 Rg | 捨て犬にエサをやる姿をマドンナに目撃されるラッキーさ

営業で外回りの途中、ふと道の片隅を見かければ、雨に濡れた子犬が一匹。粗末な菓子箱に捨てられたのでしょうか。たまたまエサを持っていたあなた。犬にエサをやるところを我が社のマドンナに目撃されました。680レジ。マドンナは、あなたのとりこ、間違いなし。そのエサがキャットフードだったなんて、口がさけても言えません。社内では、あなたの噂で持ちきり。マドンナとデートを重ね、彼女が部屋に来るときまでに、縁結びの役割を担った捨て犬を飼っているのがベストです。すぐに不動産屋に行って、ペット可の部屋に引っ越しましょう。

7 | 1,700 Rg | ゴミ同然と思っていたガラクタが高値と鑑定されるラッキーさ

ゴミ同然のガラクタが、某鑑定番組にて、鑑定師も目の色を変える、「いい仕事してますねぇ～」連発の高額なお宝となった。これは、金額が出た瞬間、人は1,700レジのラッキーを感じます。1,000レジは1キロレジに相当するので覚えておきましょう。掛け軸、壺、茶碗、刀、鎧、兜など、どんなものが高値をはじき出すかは鑑定せねばわかりません。さっそく、ラッキーへの第一歩として、自宅の大掃除を実行しましょう。出てきたものが古道具だったとしても、いさぎよく諦め、力強く生きていくことをおすすめします。

8 | 30,000 Rg | ジャンボ宝くじで1等前後賞あわせて3億円大当たりのラッキーさ

ジャンボ宝くじ1等前後賞あわせて3億円は、30,000レジ。つまり、当選金一万円につき1レジとなります。3億円を手にした人の1万円など、その程度のラッキーにすぎません。高額当選者に渡されるブックレット『その日から読む本』は、知る人ぞ知るラッキーの副読本。心の持ちかたや当選金の使い道、運用についてなどをアドバイスするハンドブックです。「遺言状を作る」など、実にリアルなアドバイスが満載。宝くじで得られるラッキーは、この冊子を渡されてやっと実感でき、心の底から存分に味わえるものなのかもしれません。

9 120,000 Rg 自宅の庭から突然温泉が湧き出るラッキーさ

庭から突然、温泉が湧き出た。120,000レジ。一度に巨額のお金を手にすることはできなくとも、温泉場としての収入が半永久的に入ってくることを考えれば、宝くじよりラッキーであるといえましょう。自宅の庭を掘ったら、そこが油田だった、大判小判がザクザク出てきた。宝石類などの財宝も出てきた。あるはずのないエジプトのミイラが！　四大文明の古代遺跡が！　など、どれも衝撃的なラッキーといえますが、リアルに感じていただけるのは温泉が湧き出るラッキーでしょう。いずれにせよ、あなたの人生が大きく変わることは必至です。さあ、まずは庭の草むしりから。

10 1M Rg 跡取りのいない石油王に気に入られ養子縁組するラッキーさ

自宅の庭を掘らずとも、石油王になるラッキー。奇跡のようなラッキーでしょうが、考えられなくはありません。跡取りのいない石油王に気に入られて養子縁組。1メガレジ。1メガレジは1億レジに相当します。億万長者になるのはもちろんのこと、夢にまでみた一夫多妻制まであなたの手に。石油王がラッキーなのか、一夫多妻制度がラッキーなのか、それはあなたのお好きなようにお考えください。大企業の社長や会長から、後継者を命じられても、財閥の令嬢と結婚しても、石油王にはかないません。使用人まで引き連れての、長期の地中海バカンスは世界中から羨望されます。

11 | 1.7M_Rg | 乗った飛行機が墜落したが奇跡的に生還するラッキーさ

しかし、本当のラッキーはアンラッキーと背中あわせ。乗った飛行機が墜落したが、奇跡的に生還。あの一夫多妻制度を越える1.7メガレジを記録しました。命を落としても仕方のない状況のなか、自分が助かる奇跡というほかないラッキーは、自然災害などでも当てはまるといえましょう。日頃から、災害時への準備は万全に。非常食や救急袋のチェックも念入りに。毎晩、就寝前には、明日着る服をたたんで枕元においておきましょう。こうした心がけが、あなたを緊急事態から救ってくれることでしょう。

12 | 2M_Rg | 結婚して20年目を迎える今も妻がやさしいラッキーさ

奇跡を越えた2メガレジの、スーパーミラクルラッキー。それは、「結婚して20年目を迎える今も妻がやさしい」でした。残念ながら、日本では一例も報告がありません。ゲップやオナラを笑いでカバー。寝相が悪くても目がさめると掛け布団が掛かっている。小遣いをサイフに足しておく。携帯をこっそり見ない。脱いだ服や靴下はいつも脱衣所に持って行く。料理の手を抜かず、突然の泊まり客を手厚くもてなし、近所で悪い噂になることもない。安月給でも株で儲けて、やりくり上手。そして夜は少し大胆。……ありえません。

#03 ヒーローっぷり
[Le heros]

[「お医者様は？」という呼びかけに「はい！」と答えるヒーローっぷり] = $1Hi$ (ハイ)

単位認定の経緯

絶体絶命のピンチに助けを求めれば、必ずやってくる。それがヒーローの基本です。ですから、医者様の登場というのがヒーローの単位にふさわしいだろうと考えたのですが、果たしてそれが「Hi（ハイ）」という単位でよかったのか、それについては今一度考え直す余地があります。

「お医者様はいますか？」という問いかけに対し果たしてフツーに「はい」と返事してしまうのは本当にヒーローらしいのか、ヒーローというより「ハキハキしたお医者サン」ではないか、そんな違和感（単位はスクーター。P126参照）をぬぐいきれません。

正しいヒーローの振る舞いは、無言のまま診察を始める。あるいは、「内科は専門外なんでお役に立てるかどうかわからんが、ね」などと言いつつ登場する（が、もちろん内科治療も見事にこなす）。そんなクールでニヒルな姿ではないかと思うのです。

STNK 世界単位認定協会

| 1 | **10**_{Hi} | 口笛を吹くヒーローっぷり |

たとえば、たかが口笛でも夕日をバックにひと吹きすれば、哀愁に満ちた即席ヒーローの完成です。ちょっと、気が向いただけ……、その何気なさがたまらないのです。人気バラエティで、ピアノの伴奏に合わせ、アイドルグループが映画音楽を口笛で歌ってみせるなどといった、芸事のひとつにしては決してなりません。それも、リズムに合わせてクネクネするなんてもってのほかです。夕日のなか、河原をブラブラ歩きながら、女もしゃべることなく口笛を吹いて下校する番長。こういった風景に、私たちはヒーローの気配を感じるものなのです。

| 2 | **25**_{Hi} | レーシンググローブをはめるヒーローっぷり |

そういう意味では、レーシンググローブもヒーローを手軽に演出できるアイテムでしょう。ボーリング場で、こういったグローブにプロっぽさ（単位はアーハン。P125を参照）を感じる以上に、ヒーロー感を覚えるものなのです。レーシンググローブは、某プロレス議員のマスクや、スポーツ選手のフェイスガードを越えると思われます。もしものときのために、カバンのなかには替えグローブを。また、思いがけないパーティなどで失礼のないよう、色違いや可愛い柄、フォーマルにも使えるタイプのグローブを持ち歩きましょう。

3 | 78 Hi | お好み焼きを上手にひっくり返すヒーローっぷり

下町で、近所の人気をひとりじめにするヒーロー行為は、老若男女が集まるお好み焼き屋がその舞台にふさわしいといえます。お好み焼きを上手にひっくり返すこと。もんじゃ焼きは、女性の食べ物だと思っていないあなた、多少カウントが異なるものの、もんじゃ焼きも同様に考えていただきたいものです。テーブルを代表してお好み焼きをひっくり返すのと同じく、大きなもんじゃを鉄板いっぱいに作成する。子供の頃に憧れた、頼れる大人のスタイルなのです。店内の視線を一身に集め、心を込めたひっくり返しパフォーマンスをお願いしたいものです。

4 | 105 Hi | ゴキブリを退治するヒーローっぷり

ヒーローな状況で最も日常的なものは、ゴキブリを退治することでしょうか。ただし、スリッパで潰すよりもティッシュで包んで捨てるのが、よりヒロイックでしょう。見習いたいものです。ある老舗居酒屋の店長が、オーダーを受けている間に壁を這う中型チャバネを発見し、オーダー中の女性客に見つかる前に素手で捕らえ、騒ぎを未然に防いだエピソードなどが当協会に報告されています。殺虫剤をふんだんに使用し瞬時にやっつけるなど、直接手を使わずに退治することはできますが、やはりティッシュが王道なのでしょうか。頼りになります。

5 | 180 Hi | アイドルと付き合ったことがあるヒーローっぷり

女性経験の豊富さもヒーローの一つの要素といえますが、たとえば、付き合った相手がアイドルであったりすると、そのヒーロー度は一気に跳ね上がります。とはいえ、今をときめく人気アイドル女優が、風呂なしのアパートにお忍びで現れるなんてドラマみたいな展開は、夢のまた夢。これとは反対に、お笑い芸人と付き合う（付き合ったと自分では思っているが、遊びの可能性もある）場合、カウントはされません。芸の肥やしですから、むしろマイナスです。ただし、芸人がアイドル女優と付き合うと、3,200ハイ以上になります。

6 | 255 Hi | 「貴様ーっ!!」のヒーローっぷり

続いて、ヒーローならではの言い回しをご紹介します。「貴様ーっ!」は、手軽に使えるヒーローセリフです。相手に対し、下から見上げながら言うと、さらに効果的です。ただし、小声で言うとひがんだ奴に見られるのでご注意を。悲しいことがあったとき、屈辱的なことを言われたとき、感情むき出しで相手に殴りかかる。その瞬間が、このセリフを発するタイミングです。相手に先回りして言われてしまったら、元も子もありません。青春ドラマや刑事ドラマを参考に。「てめえ〜」「こいつ〜」「こんちくしょう」「こんにゃろめー」より、断然「貴様ーっ!!」です。

7	500 Hi	「前の車を追ってくれ!!」のヒーローっぷり
	652 Hi	「わかりました!!」のヒーローっぷり

　誰もが一度は憧れるセリフといえば、タクシーに乗って「前の車を追ってくれ!!」と言うことでしょうか。確実に頭の中で「太陽にほえろ」のテーマが流れます。しかし、そんなあなたのセリフに「わかりました!!」と答える運転手さんのほうが、実はヒーロー度が高いのです。運転手さんも、こういった状況に慣れているわけではありません。突然の乗客が、ドアを開けるなり「前の車を追ってくれ!!」と叫ぶわけですから、一瞬パニック状態に陥り、しどろもどろになっても、そんな運転手さんを誰が責められましょうか。それを、冷静に答えるのですからヒーローなのです。

8	1,532 Hi	「案ずるな、峰打ちじゃ!」のヒーローっぷり

　おそらく言う機会のないセリフで、最もヒーロー度の高いものは、「案ずるな、峰打ちじゃ!」でしょう。日本ならではのヒーローセリフといえます。海外で暮らす日本贔屓の外人さんに憧れを抱かれている場合が多いため、実際にセリフを発する場所はおのずと限られてきます。日光江戸村や、時代劇の撮影所で、このセリフを耳にすることが多いかと思われます。エスカレートしていくと「おのれ、名はなんと申す?!」「待て待て待て〜い、この紋所が目に入らぬか!」「よいではないか、よいではないか……」「褒美をつかわす!」などと、ヒーロー度を踏み外すので、ご注意を。

9 | 1,849 Hi | 「表に出ろ!」と言われるヒーローっぷり

また、これまでのセリフとは逆に、言われることによってヒーロー度がアップするセリフといえば、「表に出ろ!」が挙げられます。外に出て囲まれる人数が多いほど、さらにヒーロー度はアップします。大勢を相手に、ここでボコボコにやられたとしても、傷付いた野良犬みたいに倒れていても、陰で様子を見ていた学園のマドンナが手厚く介護して家まで送っていってくれることでしょう。犬を散歩しながら、通りがかった近所の奥さんが発見してくれたら、「いいです。一人で帰れますから」と言って帰りましょう。ここまでの一連の行動は夕日が沈むまでにおこなうべきです。

10 | 1,866 Hi | 「ボクがやりました」とクラスを代表して手を挙げるヒーローっぷり

犯人がわからない謎の事件。学園生活のなかではよくあることです。給食費が盗まれる、窓ガラスが割られる、捨て犬を拾ってくる、自習の時間に大騒ぎする、授業中にオモシロ手紙を回す、身体測定で集団のぞき……、これらの悪事をすべて一人で背負って立つのです。ここで、先生に「やっぱり、お前か!」などと悪態をつかれたら、日々の生活態度を改めましょう。また、やりすぎるのも、いささか問題です。クラス中から「あいつ、また一人でカッコつけてるよ」とか、「犯人気どりかぁ?」などと、言われます。ヒーロー度がダウンします。

11 | 7,807 Hi | 結婚式で花嫁を奪い去るヒーローっぷり

映画のワンシーンのごとく、結婚式で花嫁を奪い去る。こんなことがあるから、人間ってステキです。7,807ハイ。奪われたほうの男性は、—7,807ハイ。結婚式が教会でおこなわれていたら、ドラマチックな展開にもなりましょう。しかし、「さぁ、僕のところへおいで！」と言い出しにくい神前結婚であったり、外に車を用意していなかったために駅まで歩くなどという後先を考えない展開は、もってのほか。花嫁に一生恨まれます。花嫁の両親から、恨み言をねちねち言われ続け、親戚一同に冠婚葬祭のたびに噂されます。もっとも、奪いに行って断られたら、—8,432ハイ。

12 | 59,002 Hi | 革命を起こすヒーローっぷり

いつの時代でも、革命を起こした者はヒーローです。それは、産業に革命であったり、掃除機に革命であったり、脳内に革命であったり、ダイエットに革命であったりもしますが、そのどれもがヒーローであると信じています。たとえば、深夜のテレビ番組に革命を起こした奇才・鬼才演出家、通販番組で話題の自動掃除機。そして、飲むだけでやせる脂肪を燃やす画期的ダイエット食品。革命はあらゆる人、モノ、コトをヒーローに変身させます。しかも、こんな59,002ハイという、夢のような数値まで連れてきてくれるのです。

Sekai Tan-i Nintei Kyoukai

#04
リッチさ
[La richesse]

$$\left[\begin{array}{c}\text{3倍速ではなく}\\\text{標準録画するリッチさ}\end{array}\right] = 1\overset{\text{ヒョージュン}}{Hjn}$$

単位認定の経緯

流れては消え行く、くだらないテレビ番組。それを標準モードで録画することは、確かにリッチな行為と言えるでしょう。しかし、テレビ業界人の場合、たとえ貧乏のドン底にいるADたちであっても、「3倍モード」でビデオ録画をする輩など存在しません。

最初、私たちはそれを映像の世界に従事する人々のプライドなのだ、と考えました。しかし、それでは、BSデジタルの番組制作に関わっている「宝島の地図」のスタッフのうちおよそ半分が（しかもプロデューサーの小泉ゆかりまでが）、BSデジタル放送を受信していない、という現実はどう説明したらよいでしょう。そこにはプライドもなにもありません。

綿密な調査の結果、ADたちが「3倍モード」を使わない理由がようやく判明いたしました。それは、「彼らの周辺にはビデオテープがあり余っているから」でした。彼らは、そこらに転がってるVHSをパクっていたのです。

STNK 世界単位認定協会

| 1 | **5**Hjn | 百円単位の買い物をゴールドカードで支払うリッチさ |

クリームパンと牛乳。明日の朝食を購入するために、レジでゴールドカードを出す。数百円の買い物をリッチに支払い、後ろにならんでいる人たちをムッとさせるなんてもってのほかですが、残念ながら時々見かけます。ゴールドカードを手にしたばかりの頃のエピソードにありがちですね。あえて使ってみたいけれど、高額の買い物をする勇気がない。したがって5ヒョージュンです。また、父親の期限切れのゴールドカードをサイフのカード入れ部分にチラ見せ用に入れておく。これは、リッチ度とは縁のない単なる見栄。見つけたらハサミで切ってしまいましょう。

| 2 | **12**Hjn | 牛乳風呂に入るリッチさ |

賞味期限内の牛乳を惜しみなくバスタブに注ぐリッチさは、12ヒョージュン。体内に流し込むのではなく、バスタブに満たす勇気。お肌のためとはいえ、大胆かつゴージャスです。牛乳以外にも日本酒やワインなどもありますが、いずれも原液使用というところに着目すべきかと思われます。また、ミカンやレモンなど柑橘類を湯に浮かべることもありますが、入れすぎるとかゆくなってかえって肌荒れをおこすので、ほどほどにしておくことが肝心です。紙パックでなく、大瓶の牛乳で入るお風呂は、値段に比例してリッチ度が高くなります。

3 | 13 Hjn | タッパーにフルーツのリッチさ

学生時代、隣の席にいませんでしたか？　お弁当箱のほかにもう一つ、タッパーにフルーツを入れてくるクラスメイトが。そんなリッチぶりは13ヒョージュン。ああ、フルーツの香りが、あなたの日の丸弁当のわびしさを一層引き立ててくれることでしょう。また、そういうクラスメイトこそ、遠足のときなどに、バナナをおやつにカウントしないのが当たり前だと思っているタイプです。焼き菓子中心で構成された、見たこともない洋菓子に、いやみなくらい黄色いバナナをたずさえて、しかも食べきれず残したりしているのです。まさに、リッチです。

4 | 37 Hjn | ジャケ買いするリッチさ

CDを試聴もせずに、ジャケットのデザインだけで選んで買う。そんなジャケ買いのリッチさは37ヒョージュン。たいていの人は、視聴したうえ、一度家に帰って悩んだ挙げ句、結局買うにいたらない経験があるはず。誰か持っている友人はいないか、探して借りるのが関の山。ストレス解消とでもいうくらいに大きなトランクをひいて、外資系大型CDショップでまとめ買いする業界人を見かけると、それは、たった1枚をジャケ買いするリッチから、数値は10ヒョージュンほどアップ。今さら、マイケル・ジャクソン一気買いという暴挙も同様のリッチ度をカウントします。

5 98Hjn　留守中もクーラーをつけっぱなしにするリッチさ

「小動物を飼っているから」「寝たきりの同居人がいるから」などといった理由があるでもなく、電気を食いまくるクーラーを、なんと留守中もつけっぱなし。98ヒョージュン。帰宅の折、涼しい部屋に迎えられたいのはわかりますが、そんなことをしたらでんこちゃんに怒られてしまいますよ。平日は毎日、朝早くから出かけて、帰宅は夜。それなのに、翌月の電気料金の請求が、携帯電話の通話料の請求額より多いなんて、いくら部屋がムシムシするからといっても、このリッチ度は許されません。

6 132Hjn　タクシーにワンメーターだけ乗るリッチさ

贅沢といわれるタクシーですが、いちばん贅沢な使いかたはワンメーターだけ乗ることでしょうか。数値は132ヒョージュンをカウントします。お弁当箱＋フルーツ用タッパー10人前です。ちなみに、タクシードライバーは近距離乗る安い値段の客を『ドブ』と呼んでいるようですが、乗るほうからしてみれば、それがリッチさの証明なのです。その際、レシートも、ましてやおつりも要りません。ワンメーター＝1000円の感覚なのです。悪しからず。それにしても最近のタクシー、やたらと「どのように行きましょうか？」と聞くのは、なんか間違っていませんでしょうか？

7 | 150 Hjn | 1円玉は捨てるリッチさ

本当のお金持ちというのは、1円玉はレジで使いません。捨ててしまうのです。これで150ヒョージュン。5円玉もほとんど捨てます。もとより現金は持ち歩かない人がほとんどです。少額のショッピングもゴールドカードを使用したら、前述したように5ヒョージュンがプラスされるのです。そして、そのレジカウンターにて、たまたまポケットやバッグの底にある、捨てたはずの硬貨を見つけた際、募金箱に硬貨を落としていくのです。コンビニのレジで見かけるあの募金箱の硬貨はそういうものだというのが、都市伝説として語り継がれているようないないような。

8 | 436 Hjn | 服を端から端まで買うリッチさ

お金持ちは庶民と違って選ぶ必要がありません。たとえば、服を買うときは端から端まですべて買ってしまいます。436ヒョージュンをカウントします。これは、店側にとって売れ残り一掃セールのようなもの。代官山の老舗ショップにやってきた某トップアイドルグループの男性が、誰も買いそうにないセンスの悪〜い不良在庫を「あの帽子ください、かっこいーじゃん！」と、迷わず買っていったのはリッチの域に達しません。青山のブランドショップで、「このラックの服、全部！」と言った往年の歌姫や自称クリエイター歌手が、436ヒョージュンなのです。

9 | 725 Hjn | 電車の切符を買ったことがないリッチさ

お金持ちは、すべからく電車の切符が買えません。もちろん、乗る機会がないのがその理由です。運転手付きの車で移動は当たり前。もちろん道なんか知りません。本作【新しい】新しい単位」に深く関わる、番組演出家の片岡K氏は、JRのスイカのことを果物の西瓜だと思っていたそうです。ご存じないかたに簡単なご説明をさせていただきますが、自動車にたとえるとガソリンみたいなものでしょうか。お金を追加すれば、永遠に使えるプリペイドカードです。庶民たちは「あは。チャージしちゃった！」などと喜んでいるのにもかかわらず西瓜とは。嗚呼、あやかりたい。

10 | 1,000 Hjn | 女体盛りに興じるリッチさ

お金持ちになったら是非！　そう、紳士の方々であれば、誰もが一度は夢見る女体盛り。1,000ヒョージュンです。つまりそれは、1キロヒョージュンになります。考えただけでも足が地につかない非現実的な食事法、といいますかプレイといえるでしょう。大概のことは経験したと思われる、性的趣向が青少年以上に旺盛な某大物政治家も一度は楽しんだのでしょうか。いいえ、楽しんだか否かは別にして、ネタは女体のどの部分に盛るのでしょうか。想像しただけでも赤面です。それにしても、男体盛りってどういうものでしょう。見てみたいですね。

11 1,500 Hjn　男体盛りに挑むリッチさ

こちらでございます。数値は1,500ヒョージュン、つまりは1.5キロヒョージュンです。それはともかくとしても、ネタは男体のどの部分に盛るのでしょうか。女体盛りと同様に、想像しただけでも赤面してしまうこと、うけあいです。この男体盛りを前にして、商談ははかどるのでしょうか。接待はうまくいくのでしょうか。果たして、男体の視線は、天井を見ているのでしょうか。それとも、食卓を囲む面々を、じっと観察するのでしょうか。さらに、毛深い男性の男体盛りはご遠慮願いたいものですが、刺身はすでに温まっております。

12 280,000 Hjn　宇宙旅行に旅立つリッチさ

さて、現在の最大級のリッチぶりを自慢できる行為はこちらです。宇宙旅行。280,000ヒョージュンです。現在、運賃は25億円ほどといわれています。以前、ある炭酸飲料で宇宙旅行の懸賞キャンペーンがありましたが、もう実現したのでしょうか。旅行に行く当選者は、もう決まったのでしょうか。何を用意して行けばよいのでしょうか。おやつはいくらまででしょうか。それにしても、夢のない話です。宇宙旅行を上回るほどのリッチは、のぞめそうにないのでしょうか。メガトン級のリッチ行為、期待しないで待ちたいものです。

Sekai Tan-i Nintei Kyoukai

#05
ありきたりさ
[Banalité]

$$\left[\begin{array}{c}\text{田中邦衛のものまねで}\\\text{「ホタル〜」と言うありきたりさ}\end{array}\right] = 1Htr\ (\text{ホタル})$$

単位認定の経緯

ありきたりさの単位としては他にも「Knbnw（コンバンワ＝森進一などのモノマネ冒頭部分より）」や「sDsN（ソーデスネ＝野球選手のインタビュー冒頭部分より）」などが候補に挙がりましたが、結局このHtr（ホタル）に落ち着きました。

ちなみに、「ありきたりさ」を少しだけ好意的に表現すると「定番」という言葉になります。ですから、雑誌などにありがちな「○○の定番アイテム」などという特集は、ある分野における、非常に「ありきたり」な、何の工夫も施されていない商品を「ありきたり」に羅列した、「ありきたり」中の「ありきたり」な記事、書いた奴は「ありきたり」のライターで、それを読んでる奴などそこらにゴロゴロしてる典型的な「ありきたり」な野郎。

そう考えて間違いありません。

STNK 世界単位認定協会

| 1 | **5**_{Htr} | 「何もしないから……」とホテルへ誘うありきたりさ |

「何もしないから……」とラブホテルへ誘う。そこにあるありきたり感は5ホタル。実に使い古されたセリフですね。「何もしないから……」と言われてホテルに行って、本当に何もしなかった場合の理由としては、本当にホテルにだけ行ってみたかったとか、ホテルに行ってはみたものの、いかがわしいことをする気が失せたなど理由はいろいろ考えられます。しかし、何があるかわからないのが世の常です。何かあってから、「何もしないって言ったのに！」と騒ぐくらいなら、最初からついて行くのをやめましょう。もう大人なんですから。

| 2 | **7**_{Htr} | 「一生のお願いだから！」と土下座するありきたりさ |

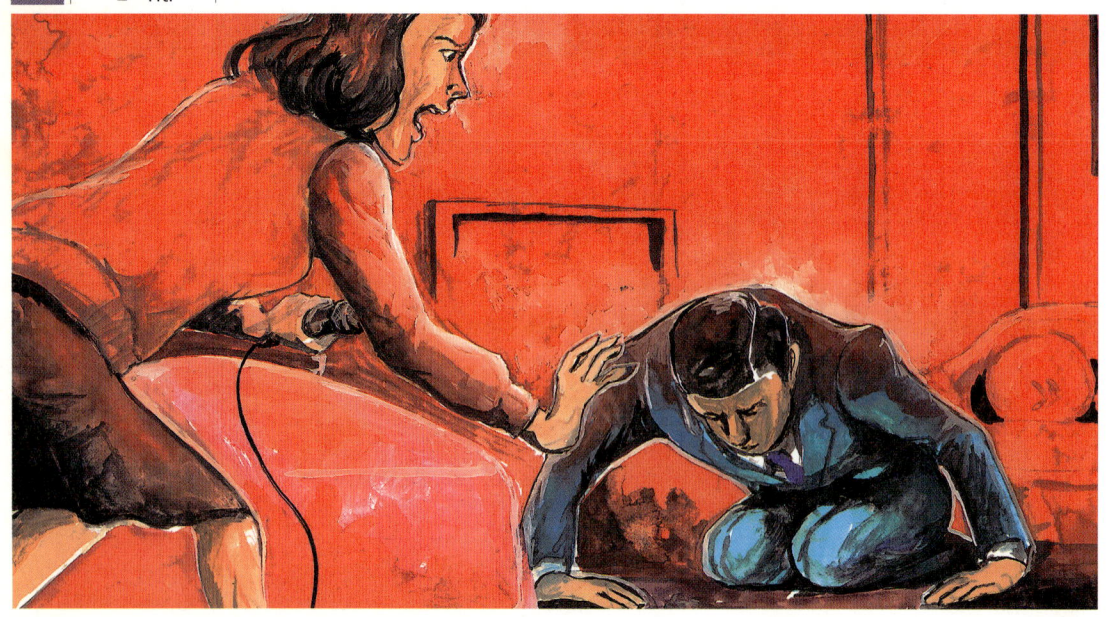

男の土下座は、一生に何度もするものではない！と決まっているのかいないのか。「一生のお願いだから！」と女性に肉体関係を迫るのは、今どきありえない?!と考えられますが、7ホタルは確実な数値です。街で好みの女性をナンパして居酒屋に誘うだけで土下座する若者は、言うなればやりすぎなのかもしれませんが、女性には新鮮に映りナンパが成功する。そんなこともあるかもしれません。ただ、同じ人に何度もするようでは、飽きられます。ナンパして、「一生のお願いだから、一緒に飲みに行きましょう」も、「一生のお願いだから、付き合ってください」も7ホタルです。

3 | 15 Htr　セックスがいつも正常位のみのありきたりさ

「何もしないから」と誘ったラブホテルで、結局何かしてしまうのと、いつもセックスが正常位なのは、一体どちらがありきたりなのか。この「ホタル」という、ありきたりさを表す単位があれば、簡単に判別できますね。セックスは正常位のみのほうが、数値が高くなり、ありきたり感が強いということが一目でわかります。女性に人気で爆発的に売れた体位ビジュアル本も、女性ファッション誌のセックス特集も正常位派には何のその。我が道を行く、正常位主義者。それしかできない。それしか考えられない。持続力より、もうちょっと柔軟性を求めたいものです。

4 | 24 Htr　「今年の風邪はひどいらしい」と毎年言うありきたりさ

毎年毎年、「今年の風邪はひどいらしい」と言うありきたりさ。24ホタル。そんなことを言う人に限って、ひどい風邪をひいたことなど一度もなかったりするものです。また、そんな人ほど、「どうやら〇〇らしいよ」というミニ知識をひけらかすもの。思い当たる人が何人か浮かんでくるはずです。その情報は、大概みのさんの番組や『あるある大事典』あたりが出どころ。他にも「今年の夏は、例年になく暑いらしい」だとか、「今度の異動は大掛かりらしい」とか、今年を特別視し、それを毎年繰り返すありきたり感は、自己管理が必要です。

Banalité　045

5 36Htr　「床屋さんで寝ちゃってさぁ」と床屋さんをかばうありきたりさ

床屋さんに弱味でも握られているのでしょうか。「床屋さんで寝ちゃってさぁ」と床屋さんをかばうありきたりは、36ホタル。つまり、田中邦衛のセリフ「ホタル〜」のものまね36回分です。床屋さんに行った翌日、変な髪型で現れ、「いやぁ、床屋さんで寝ちゃったら、こんな髪型にされちゃってさ」と、なぜか必死に床屋さんをかばう人。本当は、どうなっているのか。床屋さんをかばうが、実は自分でカットしたため、良心の呵責にさいなまれて、床屋さんをかばうそぶりをしているのではないか。周囲に疑念を抱かせる、変な髪型での床屋さん擁護はほどほどに。

6 55Htr　「最近の若いモンは!!」と憤る老人のありきたりさ

なにかにつけて、「最近の若いモンは!!」と文句を言う老人。55ホタル。調査によれば「最近の若いモンは老人」の約9割が、若い頃に同じことを言われた経験があるそうです。モボ、モガ、太陽族……、若いってのは素晴らしいことです。今で言えば、コギャル、お姉ギャル、汚ギャル、ヤマンバ、イケメンあたりの若者が将来、「最近の若いもんは発言」をする老人になってしまうのでしょうか。どうせなら、「わしらも昔は、ずいぶんヤンチャだった」「ハンパしちゃってゴメンね」などと、己の青さを認めてほしいものです。そうなれば老人大国も安泰なのですが。

7 | 98 Htr | エレベーターに乗ると階数表示を見るありきたりさ

エレベーターに乗り込み、ドアが閉まると自然に上の階数表示を見てしまう。会社でも、デパートでも、ホテルでも、エレベーターのなかにはあるのは静寂と、ただ一点だけを見つめる人々の姿。この階数表示板の電球が切れていたりしようものなら、みんなの目は泳ぎまくり、ずいぶん落ち着かない時間を過ごすことになるでしょう。見知らぬ人、あるいは仲間達と、ほんの少し時間を共にするエレベーター移動。しらけた空気や緊張ムード、あるいは親密な会話があっても、エレベーターに乗ると、やはり上の表示を見てしまうのです。

8 | 152 Htr | 「全米ナンバーワンヒット」がうたい文句の洋画のありきたりさ

あの映画も、この映画も全米でナンバーワン。で、観てみれば、小首をかしげる駄作だったりするのですから、お手上げです。アメリカにはナンバーワンが、いったい何本存在するのでしょうか？　日替わりでランキングが入れ代わるくらいの勢いなのでしょうか？　誰か、確かな情報をお持ちなのでしょうか？　ということで、全米ナンバーワンヒットがうたい文句の洋画は152ホタル。「この映画観なさいっ」と、ある人気映画評論家がCMで言えば、その作品はヒットするそうです。「全米で大ヒットなんて、嘘よっ」と、このあたりの情報も評論家からうかがいたいものです。

9 236 Htr お正月をハワイで過ごす芸能人のありきたりさ

ハッキリ言います。あなたがたには、もう飽きました。ハワイに行きたいのか、カメラに囲まれたいのか、どっちなんでしょう。ついつい、感情を剥き出しにした物言いをしてしまいましたが、そういう輩が多すぎるのです。なぜハワイなのでしょうか？　そして、なぜアロハシャツ？　首から下げたレイが滑稽で、正月早々マジ切れします。パナマ帽やサングラスが似合わない演歌歌手一家や、忍んでいないお忍びカップル、大物女優とその取り巻きの男性アイドル一派、今は司会業一筋の芸人と元アイドル夫婦の家族旅行。枚挙に暇がありません。

10 735 Htr 北海道のお土産が「白い恋人」のありきたりさ

ほかにもっと気の利いたものは売ってないのか？　北海道のお土産が「白い恋人」。735ホタル。あれをもらうたびに、北海道が嫌いになるのは、我が協会員だけでしょうか。最近では、各地のスキー場でも同じ商品または類似商品が見受けられ、困った時の「白い恋人」になってしまう風潮もあります。北海道といえば、クッキーやバター飴、レーズンバターサンドなど、ほかにも美味しいものがいっぱいです。だからといって、「白い恋人」をなめてかかってはいけません。たまに食べると、意外にも新鮮な味わいで、何枚も食べてしまうことになってしまうからです。

| 11 | **1,000**_{Htr} | 「また、このメンバーで！」と語るプロデューサーのありきたりさ |

我々が最も興味を示したのがこちら。番組終了後、「また、このメンバーでやりましょう」と熱く語るプロデューサー。1,000ホタル。打ち上げが盛り上がり、一次会からのボーリング大会から、レストランを借り切っての二次会、そしてカラオケで大騒ぎの三次会、だんだん夜もふけ四次会、朝になってるけど五次会、まだやってるの？六次会と、盛り上がりまくるのです。「この番組をやって本当によかった！」と誰もがそう思います。「また、このメンバーでやりましょう」、ありきたりのセリフですが、出演者もスタッフも、この一言で心が一つになったわけです。

| 12 | **2,000**_{Htr} | 結局、違うメンバーで新番組を始めるプロデューサーのありきたりさ |

しかし、結局、まったく別のメンバーで新番組を始めてしまうプロデューサー。倍の2,000ホタル。これが、ありきたりのことだと受け止めているスタッフは、誰一人文句を言うようなマネはしません。そう、すべてがありきたり。結局、出演メンバーを一新するための、ちょっとしたパフォーマンスだったのでしょうか。とはいえここで恨み言をねちねち言っても後の祭り。二次会のビンゴ大会で当たったプロデューサー賞のノート型パソコンが、そっとあなたをねぎらってくれるのです。知り合いのプロデューサーに、早速メールでも送ってみましょう。

Banalité 049

#06 名残惜しさ
[Prolongement d'adieu]

$$\left[\begin{array}{c}\text{缶の中にコーンが}\\\text{残ってしまう名残惜しさ}\end{array}\right] = 1c\overset{\text{コーン}}{N}$$

単位認定の経緯

缶入りコーンポタージュの缶には必ず「よく振ってからお飲みください」という一文が記されています。しかし、あの注意書きでは半分の効果しかありません。正しくは「よく振ってからプルトップをお引きください」でしょう。

私などは過去に何度も「わかりました、飲む前によく振りますっ」と思いながらうっかり缶を開けてしまう（開けた後で缶を振ったら全身コーンまみれになってしまう）という失態を演じております。

で、いくら振ってから飲んでも、絶対に缶の底に残ってしまう。あのコーンの粒々は本当にやっかい。底の方にもプルトップがついていればいいのに……と思うのは私だけでしょうか？　あ、特許取るなら今のうちか。

STNK 世界単位認定協会

1　3cN　トイレを流す名残惜しさ

どてらい奴が出たあとに、しげしげと色と形をチェックし、便座を離れふと感じる名残惜しさ。3コーン。大きなミッションを片付けたような、そんな晴れ晴れとした気分が心地よい自宅トイレ。大いなる痛みを腹部に覚え、あわてて帰宅し、靴も脱がずにトイレに飛び込んだ挙げ句の出来事でした。会社から地元の駅のトイレを我慢して、帰り道の途中にある公園のトイレも我慢。我慢に我慢を重ね、ようやく自宅で一息ついたと思ったとたんにビッグウェーブ到来。これを水に流すのです。名残惜しさを感じなくて、何を思えばよいのでしょう。

2　4cN　ヒゲを剃る名残惜しさ

口ヒゲ、顎ヒゲ、無精ヒゲ。コツコツと男らしくたくわえたヒゲ。これを、ひと思いに剃ってしまうときに感じる名残惜しさは4コーン。ヒゲが似合うヘアスタイルにしようとスキンヘッドにしてみたり、ワイルドを装おうと、緻密に計算して丹念に手入れした無精髭。憧れはイチロー、連太郎（三國）、キヨシロー。海外では断然、マンセル（元F1）とチャップリン。親近感を覚えるのは淳二（稲川）あたり？　ヒゲ大好き！の、そんなあなたが、泣く泣くヒゲを剃るのですから、名残惜しくないわけはありません。

| 3 | 12cN | 美女とすれ違う名残惜しさ |

男性がヒゲを剃るときに感じる名残惜しさ。それは、前から歩いてきた美女とすれ違ったときの、甘ずっぱい名残惜しさにくらべれば、わずか3分の1に過ぎないことがわかります。都会で、田舎で、旅先で。いつも美女とすれ違うときは、一瞬の春一番のごとく心がときめくものなのですが、その瞬間にわき起こる感情、それがまさに名残惜しさなのです。また、その際に、美女が心憎い演出として、甘く爽やかな香水の残り香を置いていってくれたら、言うことなし。この香りを胸に、毎日この時間に来てみようと、再会への希望を抱くかもしれません。名残惜しさのなせる技です。

| 4 | 12cN | 2千円札を使う名残惜しさ |

前から歩いてきた美女とすれ違ったときの名残惜しさ。ちなみにその数値は、2千円札を使ってしまうときに感じる名残惜しさと同じ12コーンという結果になりました。2千円札が意外に低いのは「あれって本当に必要だったの？」と感じる人がたくさんいるからです。ちなみに、タクシーに乗ると、たびたび、「まぎらわしいから、2千円札を持っていたくないんだよ。おつりに混ぜちゃっていいかい？」と言われますが、これも嬉しいような、迷惑なような、腹が立つような、複雑な気持ちです。迷惑なお金というのも、贅沢な話なのですが……。

5　84 cN　タバコに火をつけたら電車が来る名残惜しさ

ひょっとすると神様が見ているのかも……。そんな疑問すら湧いてきます。駅の喫煙コーナーでタバコに火をつけたとたん、電車がホームに到着するのはどうして？　84コーン。もはや、最近では喫煙コーナーすら排除しようとする駅が続々と増えています。喫煙者の肩身は狭くなる一方です。なのに、やっと見つけた喫煙場所で、ひとときの喫煙タイムを楽しもうとタバコに火をともす。それが、ホームに滑り込む電車によって奪われるなんて、名残惜しく、ちょっと癪な気分なのです。いや、本当に、神様が見ているのかもしれません。単なる偶然なんでしょうが。

6　102 cN　残っているのに皿を片づけられる名残惜しさ

まだ残っているにもかかわらず、店員に皿を片づけられてしまう。あのどうしようもない名残惜しさは102コーン。町の定食屋、閉店真際に駆け込んで食事をしていた際の出来事でした。小さな息子が夢中で学校の話をするのです。親としては食事を促すのですが、子供の一生懸命な気持ちに勝てず、食事の手も止まります。そんなとき、閉店が近いからといって、まだ空いていない皿を平気で片づけようとする店員。これには父さんもご立腹。ちなみに、かの田中邦衛は言いました。「まだ子供が食べてるでしょうがっ！」と。

7 | 120cN　離婚届に判を押す名残惜しさ

離婚届に判を押す瞬間、人は誰しも120コーンの名残惜しさを感じます。数値が少ないと感じるのは、未経験者の方です。憎しみ合った男女の未練など、この程度に過ぎません。その証拠に、入籍の際には二人揃って役所に出向くものなのに、離婚の場合は、書類を郵送で受け取った方が区役所へ届けるパターンが多く見受けられます。最後に握手で別れるなど、そんな絵空事は、ある意味でファンタジーなのです。相続税が払えず土地の売却、税金が払えず家財道具の差し押さえ、そのあたりの名残惜しさに似ていますが、数値は異なります。

8 | 250cN　王様ゲームが終了してしまう名残惜しさ

離婚届に判を押す瞬間の名残惜しさ。その2倍を越える名残惜しさを感じるのは、王様ゲーム終了の瞬間。250コーン。ああ、せめてあと一回、いや二回……。ポッキーを両はじから食べたかったのに……。こうなったら、合コンが終わるまでに、お気に入りの相手の携帯番号と携帯メールアドレスを必ず聞き出しましょう。王様ゲーム終了というのは、人間を次の段階に進ませる切り替えへのタイミングなのです。これで持ち帰りも、携帯番号の収穫もなしの帰宅となれば、名残惜しさは倍増になること間違いなし。打ち込めるものがあるのって素敵です。仕事も頑張りましょう。

9 | 1,896 cN | お気に入りのエロ本を捨てる名残惜しさ

お気に入りのエロ本を捨てる。1,896コーン。ネットオークションで、近所の古本屋で、通販で、そして、繁華街の雑居ビル地下にあるいかがわしいピンクショップで。一冊一冊に思い出やお好み写真が満載なのです。これが名残惜しくないなんて、どうして言えましょう。1,896コーンは、ある意味で低すぎる数値とも受け取れます。初めて彼女が泊まりにくるから、収納スペースがないから背に腹はかえられません。古本屋に売るのも少し気恥ずかしいので、捨てることになるわけですが、それにしても名残惜しい。これは、経験した者にしか理解できません。

10 | 2,100 cN | 書類完成間近にパソコンがフリーズする名残惜しさ

あなたも経験がありますか？　書類完成間近にパソコンがフリーズ。2,100コーン。ただし、BSフジの人気番組「宝島の地図」シリーズにおいて、企画・演出を受け持つ片岡K氏の台本が遅れる原因に使われた場合は、この数値にはなりません。すべて言い訳と解釈されます。しかし、本当にパソコンがフリーズしてしまった場合、「狼が来た」と言って村人をパニックに陥れ続けた少年のごとく、まともに取り合ってもらえません。その時の名残惜しさは、厳しい状況下の影響もあって、数値が少しアップします。

11 | 6,400 cN | モーニング娘。が解散してしまう名残惜しさ

当協会は、モーニング娘。が解散した場合の名残惜しさを算出してみました。その数値はなんと、6,400コーン。ゴマキがソロになった名残惜しさも相当な数値でしたが、これが解散となると話は別です。メンバーも増えて、しかもそこにはミキティの姿もあって解散だなんて。今はまったく徴候が感じられません。しかし、気まぐれな某プロデューサーが「モー娘。もうそろそろ解散させてもええんちゃう？　むしろ、解散させなあかんがな！」と、強制解散を促したりなんかしたら。ちなみに、人気お笑いコンビのバナナマンが解散した場合を算出したら2コーンでした。

12 | 12,000 cN | 医師から余命半年と宣告される名残惜しさ

医師からのつらい宣告。余命半年。1万2000コーン。人生、名残惜しさを残しても、悔いは残さないよう心がけたいものです。そういえば、ドラマ『僕の生きる道』が大ヒットしました。余命1年と告知を受けた主人公。誰もが主人公のなかに自分をだぶらせ、最終回で感動にむせび泣きました。だからといって、あと何年、自分は生きられるかばっかり考えて、ほかに何も考えないのは大間違い。アンニュイに余命気分にひたるのも心配です。悔いが残らないよう、健康に気をつけて頑張りましょう。名残惜しさの数値は少ないほどよいのです。

#07 バカっぽさ
[Stupidité]

[電子レンジのことを「チン」と呼んでしまうバカっぽさ] = *1Chin*（チン）

単位認定の経緯

電子レンジを「チン」と呼ぶことももちろんそうですが、温め終わると「チン」と鳴らしてしまう電子レンジ自体、なんとなくバカっぽさが漂っています。エレベーターも、到着した瞬間に「チン」と鳴ると思わず腰がくだけてしまう。そのせいか、機能の充実した最近の電子レンジは加熱が終ると「ピーッ」という賢そうな音を発します。

「チン」という音に漂うバカさ加減はまだまだたくさんあります。例えば、タイタニック号遭難！と聞けば、荒波にでもさらわれたような印象なのですが、タイタニック号チン没！と聞いた瞬間、船体のどっかにポッカリと穴でも開いてズブズブと沈んじゃったような、そんなバカっぽさが加わってしまう。

「交通費」ならば財布に入った千円札をイメージしますが、「電車チン」と言われたらポケットの小銭しか思い浮かばない。不思議です。

STNK 世界単位認定協会

| 1 | **2**_{Chin} | おならに火をつけるバカっぽさ |

おならに火をつけて遊ぶ。2チン。まわりからノセられてだとか、酔った勢いでとか、状況はうかがい知れません。メタン系のガスなので、きれいなブルーの炎をあげるそうです。とはいえ、こんなことを、冗談でもやってしまったとしたら、ちょっとした失笑を買うでしょう。それが1チンの、リアルな感覚なのです。親しきなかにもバカっぽさや、アッタマ悪そーな行為はなるべく排除していきましょう。それはバカっぽいというレッテルが、あなたに貼り付けられてしまうからです。自分のことが可愛いのなら、改めましょう。

| 2 | **4**_{Chin} | 野球拳に興じるバカっぽさ |

野球拳のバカっぽさは4チン。おならに火をつけるメンバーが2人そろえば、この値と同等のレベルです。いまどき野球拳？　(坂上)二郎さんの時代とは、もうワケが違うのです。女性相手に張り切って、負け続けるのが関の山です。近頃の女子は薄着に見えて、矯正下着やアクセサリーで数をかせいできます。ネイルを1枚ずつはがす、つけまつげを上下外すなどで、あなたはいつしか全裸に。世の中、そんなにうまくはいかないようにできているのです。ただし、勘違いしてはいけません。本当の野球拳は、服を脱いでいくものでなく、純粋にジャンケンを楽しむものなのです。

| 3 | 5 Chin | プロレスファンのバカっぽさ |

PRIDE、K-1などの本格的な格闘技が盛り上がるなか、いまだにプロレスファン。彼らを目にしただけで、人は誰しも、バカっぽいという印象を5チン持ちます。そう、プロレスラーの息子という肩書きでなく、あのアイドルの父親はそういえばプロレスラーといったように、世間ではプロレスのイメージを拭い去り、プロレス感排除の方向へゆっくりと移行しているのです。たとえプロレスラー自身が賢こかろうが、息子がアッタマ悪かろうが、プロレスラーであるがゆえの宿命なのです。ましてや、ファンならなおさらです。格闘技ファンだと言ってお茶を濁しておきましょう。

| 4 | 10 Chin | 巨乳好きのバカっぽさ |

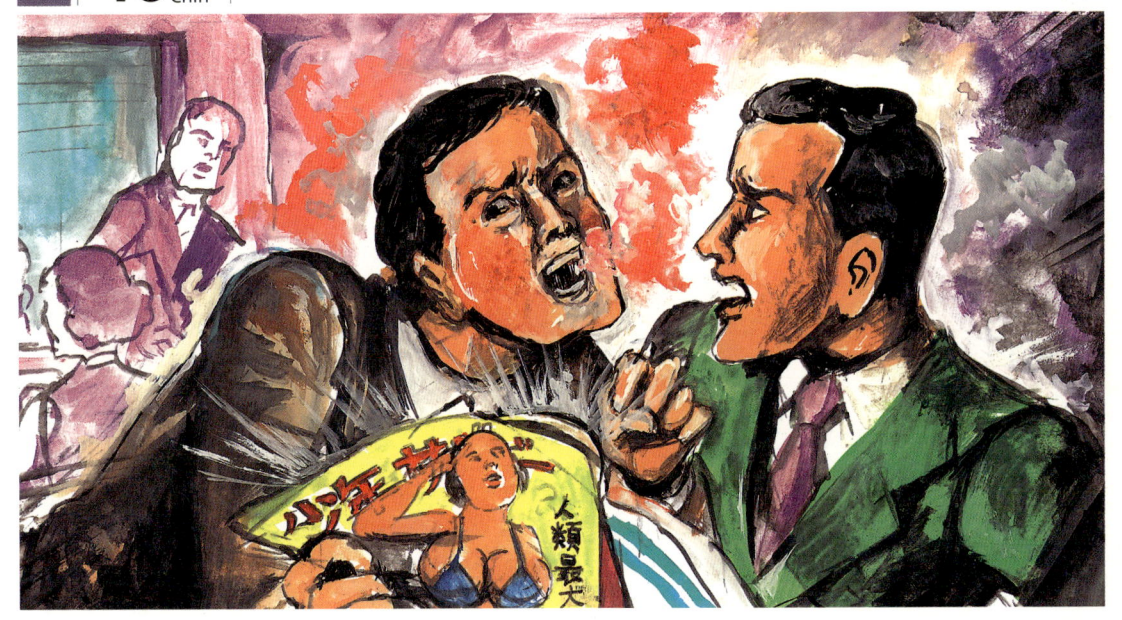

マザコンの匂いを感じさせるその趣味は、10チン。某イエローキャブのアイドルは、名前はもちろん、スリーサイズや誕生日など全員の分を暗記。聞いたこともない名前の巨乳アイドルの写真集ばかりを、ネットオークションで落札しまくり、付き合う相手も顔ではなく、基準は巨乳か否かで選ぶこわだりよう。彼女にプレゼントする水着は小さな三角ビキニ。洋服のプレゼントは、もちろん胸の谷間を強調する衿もとが大きく開いたカットソーのみ一辺倒。しかも、プライベートのみの着用を義務付ける徹底ぶり。一生、巨乳にうずもれて暮らしてください。

| 5 | **24**_{Chin} | 記念写真はいつもVサインのバカっぽさ |

記念写真はいつもVサイン、24チン。これはあくまでも片手の場合で、両手でピースをすれば数値は2の二乗で4倍になります。ただ、巨乳好きのほうが数値が低いのはどうなのよ？！と疑問に思うかもしれません。それは、巨乳好きが一見判別されにくい点にあり、記念写真でVサインは、他人に簡単に見破られるからです。ネガがあるかぎり残る一生ものだからなのです。また、ピースして指が開けば開くほど、男性経験が豊富という噂が一時流れました。これに怯え、人さし指と中指をくっつけてVサインをする人も現れましたが、Vサインをしなければいいのです。

| 6 | **38**_{Chin} | 街頭インタビューのカメラに映り込むバカっぽさ |

東京だと渋谷や原宿、新宿や新橋などで目にするテレビクルー。カメラに番組のステッカーが貼ってあったり、スタッフジャンパーを着たディレクターを見れば、「めざましテレビ」や「ランク王国」の、おなじみのあのコーナーだ！　とピンときます。テレビカメラに映り込むのは不本意だ、と足早に通り過ぎればいいところを、あえて立ち止まってカメラに目線を送り、「ねぇねぇ、これって、いつ放送？」などと聞くのはやめましょう。38チンの数値を上回るどころか、バカっぽさ丸出しです。見ないふり、なかったことにして、通り過ぎるのが得策です。

| 7 | **52**Chin | 声が異常にデカいバカっぽさ |

目の前の人と話をする「適正音量」を覚えられません。困りものです。声が異常にデカいのは、52チン。かわいそうな人たちです。我が国のリーダーを見れば、一目瞭然ですね。これを間近で実感するなら、センター街あたりで、辺りの人々すべてに聞こえる声で内緒話をする女子学生をご覧になってください。周辺のファッションビルでも、異常にデカい声の店員に圧倒されてみるのも勉強です。「できない男は声がでかい」という嘘か本当か、噂を真に受け、必要以上に声が小さく、ボソボソしゃべる男性。これもかえって迷惑です。もったいぶっているのでしょうか。

| 8 | **76**Chin | 地図を回して見るバカっぽさ |

地図を手にとると、ついくるくる回して見ずにはいられない。76チン。一日も早く、東西南北を認識してほしいものです。車に乗っていて、信号待ちで隣に止まった車に見えるのは、若いカップルの姿。大判のマップルを取り出して、彼が地図をくるくる回し出したときに垣間見る、彼女のしらけた表情。それはきっと「地図回してんじゃねぇよ」という心の声と一緒に、彼にプレッシャーを与えているのではないでしょうか。少しくらい道に迷っても、地図をあからさまにクルクル回すよりは、まだましです。なによりいち早く方向感覚を習得しましょう。

Stupidité 063

9 356 Chin 飲み会で一気コールのバカっぽさ

飲み会で周りの迷惑考えずに必ず一気コール、356チン。「今日もお酒が飲めるのは……」「井上の、ちょっといいとこ見てみたい……」「ぱーりら、ぱりら、ぱーりら……」などの掛け声で盛り上がる学生集団。周囲のサラリーマンのグループの苦笑を無視して、飲み放題コースのため、とんでもない酒量です。帰りはトイレを独占し、店の隅でうずくまる女子の介抱を水面下で争う男子達。こういった事態を招く一気コールは、バカっぽさの象徴。大学卒業と同時に決別したほうがよいでしょう。就職後、それが如何に迷惑か、静かに飲んで初めてわかるというものです。

10 608 Chin バナナの皮で転ぶバカっぽさ

マンガでも、なかなかお目にかかれないことでしょう。道に落ちていたバナナの皮でスッテンコロリン。608チン。今どき4コママンガでも見かけない、初歩的なずっこけシーン。小さな子供が、真似して皮を道ばたに置くこともありません。試しにバナナを落としてみても、ゴミ箱に入らなかったのか、うっかり落としたのかと思われて、見つけた人がゴミ箱に入れてくれることでしょう。バナナの皮をいたずら目的に使用しようなどという、昭和の古典的な行為は認めてもらえないのです。もしかしたら、誰も経験していないことで、実践されていないかもしれません。

11 | 7,250 Chin | 新しいオナニーを開発するバカっぽさ

今度はこの道具を使ってみるか……。新しいオナニーを開発。涙を誘うほどバカっぽい行動には7,250チン。付き合っている彼に、「宅配ビデオ頼んだことある？」と聞いてみてください。「ない」と答えたら、「通販グッズも？」と、さらに突っ込んだ質問をしてみましょう。もしかしたら、誘い文句にだまされて、うっかりバカっぽいオナニーグッズを買っているかもしれません。さらには、それを機にオナニー器具開発に乗り出し、一人で暮らしていく決心を過去にしているかもしれません。その探究心を仕事に向けてもらうよう、説得しましょう。

12 | 68,500 Chin | パチンコ中に子供を死なせてしまうバカっぽさ

夏になると必ず一人は登場します。パチンコ中に子供を死なせてしまう。68,500チン。自分の気晴らしのために、暇つぶしのために、炎天下のマイカーの中に幼い子供を置いて、パチンコやら、ゲーセンやら、ショッピングやらにうつつをぬかすバカ親。これはもう犯罪です。社会問題にもなり、様々なメディアでとりあげられました。そしてついに、そのバカっぽさが数値化されたのです。68,500チンのバカっぽさは、当然の数値といえましょう。バカっぽさから生じた殺人事件なのです。夏の風物詩にならないよう、社会全体をもって大いに用心せねばなりません。

Stupidité 065

Sekai Tan-i Nintei Kyoukai

#08
モテっぷり
[Grande popularité]

$$\left[\begin{array}{c}\text{女の子から「駅はどこですか？」と}\\\text{聞かれたモテっぷり}\end{array}\right] = 1\overset{\text{ホエア}}{Whr}$$

単位認定の経緯

人間の行動には、「なんとなく」などという理由はありえません。

それは、繁華街で美人とブスを同じだけ歩かせればすぐにわかります。美人のほうがビラやティッシュを圧倒的にたくさん貰ってしまうはずです。もちろん理由は「美人だから」です。ビラを配る人は、美人とブスが同時にやって来たとき、無意識のうちに美人を優先させてしまうのです。本人は「なんとなく」適当に配っているつもりでも、実は瞬間的にブスよりも美人に接することを選択していたのです。

異性にモテる単位を「道を尋ねられるWhr（ホエア）」に決定したのも、同じことです。その基準が「男前である」ということももちろん重要でしょうし、「優しそう」「清潔感がある」「シカトするような悪い人じゃなさそう」「とりあえず腕や胸もとから彫り物が見えナイ」などを含む"第一印象"が、異性にモテるための源だからです。

STNK 世界単位認定協会

| 1 | **2.5**_{Whr} | エレベーターの中で「何階ですか？」と聞かれるモテっぷり |

「駅はどこですか？」によく似た状況ですが、エレベーターの中で「何階ですか？」と聞かれるモテっぷり。日常のなかにある、ささやかなモテっぷりですが、密室でおこなわれている行為なだけに数値は少し高めになっています。デパートでエレベーターガールがやってくれるサービス行為を、すすんで一般女性がおこなうわけですから、このモテっぷりにあぐらをかいて、電話番号などを聞くなどという、ナンパな手段に出るのはやめておきましょう。先にエレベーターをおりるとき、さわやかな笑顔で軽く会釈。この程度にとどめておくのがよいでしょう。

| 2 | **50**_{Whr}
80_{Whr} | 「一口ちょーだい！」と言われるモテっぷり
一口飲ませてくれるモテっぷり |

あなたが飲み物を飲んでいると可愛いコちゃんに、「一口ちょーだい！」と言われるモテっぷり。50ホエア。こんなことを言ってくる女の子に、逆に気持ちを奪われるということは、よくあること。合コン、新歓コンパ、送別会などで、ちょくちょく目にします。さらに、「これ美味しいよー！」と一口飲ませてくれるモテっぷり。これは80ホエア。そんなセリフを聞いたときは、がぶ飲みして酔っ払ってネンゴロになっちゃいましょう。ネンゴロになる前に、グラッパなど調子良く飲み過ぎて、先に寝てしまわないよう注意することが必要です。後悔と残念な結果が残るだけです。

3 | 200 Whr　飲み会に呼んでもらえなくなるモテっぷり

しかし、モテすぎるのも考えものです。なぜなら、男友達から飲み会に呼んでもらえなくなるからです。でも、ここまでくれば、逆にたいしたものともいえます。飲み会でギャルの関心を集める罪な男なのですね。もし、飲み会に呼んでもらいたければ、モテっぷりをセーブしてみてください。大魔神・佐々木のごとく、抑えは完璧に。たとえば、日常生活を、男友達との付き合いに重点を置くように比重をコントロールする。すこし天然のドジっぷりで、カッコイイ自分を、面白くて可愛い自分に方向転換させるセルフプロデュース。

4 | 880 Whr　女子高の若手男性教師のモテっぷり

状況のずるい例として、女子高の若手男性教師のモテモテぶりが挙げられます。性欲とは無縁なさわやかすぎるルックスの男性教師。美醜を問わない公平さと兄貴みたいな気さくな態度で、生徒たちからニックネームで呼ばれる友達みたいな先生だなんて、聞いただけでモテそうです。しかし、年月は流れ、いつかは歳をとるもの。独身教師の生活を謳歌して、貯金もせずに婚期を逃すのは、男も女も目も当てられない状況を予測させます。環境に甘んじていると、足元をすくわれますので、くれぐれもお気をつけて。

5 | 1,020 Whr | セクシーな女性に囲まれるラッパーのモテっぷり

単純にうらやましい例としては、ミュージックビデオに出てくるセクシーな女性達に囲まれたラッパー。男性が抱く夢の形を具現化しているといえるでしょう。1,020ホエアです。素肌に三つボタンのソフトスーツ。パナマ帽で、ちょびひげ。むちゃくちゃなコーディネートも、いやらしい目つきも、ラッパーなら、逆の価値を生み出します。妙齢の女性達に囲まれる、若手アイドル演歌歌手を想像してみてください。この1,020ホエアという数値が、光り輝いて見えるはずです。興奮さめやらぬPV撮影終了後、気に入ったダンサーをお持ち帰りにするラッパー。うらやましい限りです。

6 | 1,020 Whr | セクシーな女性にいじめられるラッパーのモテっぷり

しかしながら、現代の恋愛模様は複雑になってきています。ラッパーが女性達にいじめられた場合も同じく1,020ホエア。こんなのを羨ましがっているあなた！　いけませんよ。同じようなシチュエーションとして、ラッパーを無視し遊興にふける女性ダンサー。その孤独を一人楽しむ放置プレイ中のラッパー。その光景をなぜか障子の穴から覗いているDJ。とんでもないミュージックビデオといえましょう。また、妙齢の女性達にいじめられる若手アイドル演歌歌手のビデオも同様に、モテっぷりとは縁遠いところに位置するので、注意を要します。

| 7 | －120 Whr | 『ときめきメモリアル』をしている時に感じるモテっぷり |

ここで、21世紀を象徴するモテっぷりも紹介しておきましょう。『ときめきメモリアル』を楽しんでいる時に感じるモテっぷり。これは、－120ホエア。あくまでも仮想現実ですから、自覚しましょう。こういったことから、その先に考えられる事柄というと、ネットアイドルとの仮想恋愛チャットを楽しむ、団体型アイドルへの偏愛を肯定するなど。自分は大衆のなかの一人であること、所詮遊びであること、恋愛感情＝商売というものを支える一人になっていることを理解することが優先です。そうしないと、どんどんモテっぷりから遠ざかってしまいます。

| 8 | 時価－500 Whr ～＋500 Whr | キャバクラ嬢が携帯番号を教えてくれるモテっぷり |

続いては、こんな例も21世紀の象徴ではないでしょうか。キャバクラ嬢が携帯番号を教えてくれるモテっぷり。この数値を固定化することはかなりの困難を要し、時価－500ホエア～＋500ホエアとさせていただきました。まぁ、状況次第ってことですね。注意したいのは、アフターの待ち合わせ場所で、相手に電話をかけて様子をうかがった際、それが明らかに仕事用の携帯電話にしか見受けられないこと、携帯電話を数台所有していることを思うと、もういても立ってもいられません。仕事先のお得意さまとでも思って、恋愛感情は振り払ってしまいましょう。

9 | 2,200 Whr | 家の前で待ち伏せされるモテっぷり

自宅の前で待ち伏せされるモテっぷり。これは2,200ホエアです。やっと帰宅したあなたの姿を一目見て、失神などしようものなら本物です。グループで待ち伏せしていて、全員が本気モードだった場合、一人と親しく話すのは軽はずみですからやめましょう。こんなことになっているとしたら、とんでもないモテっぷりといえます。ほかに、見つけにくい地味な服装で電柱の影に隠れていたら、ストーカーの疑いがあります。警察の生活課に相談しましょう。2,200ホエアというのは、「嬉しい悲鳴、だけど少し迷惑……」というアンヴィバレンスなモテっぷりなのです。

10 | 22,000 Whr | 空港で待ち伏せされるモテっぷり

さらにこれが、空港での待ち伏せになると、10倍の22,000ホエアに跳ね上がります。同じ待ち伏せでも場所によって大きく数値が変わる例のひとつといえます。港も同様にホエアが高いエリアといえます。ほかに新幹線のホームなどもあげられてます。また、アイドルの待ち伏せで、大物女優に連れられてハワイで正月を楽しんだ彼の帰りを朝からスタンバイして待っていた際、海外から帰国した面白くもないお笑い芸人に、「自分目当て?」と勘違いされつきまとわれるのもたまにあることなので、人違いであることを早めにアピールしておきましょう。

| 11 | **65,000**_{Whr} | 歌うだけでギャルが失神するモテっぷり |

ここからは一般人ではまず体験できない領域に入ります。歌うだけでギャルが失神するモテっぷり。かつてのビートルズがそうでしたよね。まさに、HELP！　日本では、かつてのグループサウンズがまさにこれ。歌うだけで、絶叫するだけで、大げさな振り付けだけで、ステージから客席にダイブするだけで、楽屋に戻っていくだけで、お母さんからの手紙を読み上げるだけで、もう失神を通り越して失禁状態もいなめません。替えのパンツは用意しておきましょう。モテっぷりのいい男とは、ここまでのケアを考えて、用意周到であるべきなのかもしれません。

| 12 | **8.5M**_{Whr} | 教祖様になるモテっぷり |

最大級のホエアはこちら、教祖様です。このモテっぷりは、白装束で身を包んだ集団の話題で、よりリアルに実感していただくことができるかと思います。教祖様と崇められるモテっぷりは、想像を大いに越える8.5メガホエア、つまり850,000,000ホエアなのです。もう、教祖様を前にしたら、話題のアザラシも、三味線の名人も、団体型アイドルも、魔法映画の主人公も、イギリスのサッカー選手も、日本のティーンのファッションリーダーであるアメリカ人の女性歌手でさえも、悔しいかな、太刀打ちはできないのです。モテっぷりのホームラン王なのです。

Grande popularité　073

Sekai Tan-i Nintei Kyoukai

#09
玉にキズ
[Le coeur masculin de désintéressement]

$$\left[\begin{array}{c}\text{美女に住んでいる所を尋ねると}\\\text{日暮里だった玉にキズさ}\end{array}\right] = 1 Npr \;\text{(ニッポリ)}$$

単位認定の経緯

オンボロの中古車にキズがついても気になりませんが、ピカピカの新車にキズがついたら誰だってガックリしてしまう。気になって気になって運転にも集中できないことでしょう。カーコンビニ倶楽部が儲かるカラクリがここにあります。

美人だって同じこと。本来は気にならないような小さな小さな欠点でも、美人であればあるほど、気になって気になって仕方ない。ああ、彼女がなぜニッポリ？　西ニッポリでも東ニッポリでもなく、よりによってプレーンニッポリとは……。あなたが悩み苦しんでしまうのも当然です。

代官山、青山、白金、三宿……。東京23区には美人にふさわしい街がたくさんあるから？

それもそうですが、それ以前に、ブスがどこに住んでいようが、そんなことは知ったこっちゃないからです。

STNK 世界単位認定協会

1　2Npr　子供に暴力をふるう

麗らかな小春日和に起こった、再現ビデオを無理矢理見せられているかのような衝撃的な出来事。それは、公園で突然、子供に暴力をふるうことです。2ニッポリ。これは、冷めるというより、彼女に畏縮してしまう行為ではないでしょうか。将来、自分の伴侶になるかもしれない同僚の女性が、実はとびきりの子供嫌いだった。しかも暴力を平気でふるう人間だったことを知ったら、交際は見直しにしたほうが得策といえましょう。人間は、どこで本性があらわれるかわかったものではありません。好きな人の前では子供にやさしく。お年寄りにもやさしくを心がけましょう。

2　3Npr　毛深い

床に落としたボールペンを拾おうとして身をかがめ、机の下にもぐりこんだそのとき。見てはいけない、処理を怠る女子社員のスネ毛を発見。3ニッポリ。脱色や脱毛とは無縁で、ぼうぼうに伸ばしているスネ毛、肘毛は、自分にとって見落としがちな無法地帯といえます。ましてやストッキングに押しつぶされて密集感増幅。これが、ただの女子社員でなく、社内の憧れのマドンナだったとしたら大変です。30ニッポリ。高数値をたたきだします。ただし、気づいているのは間近で拝んでしまった自分だけ、誰も気づいていないかもしれません。胸にしまっておきましょう。

| 3 | **4**_{Npr} | 美女が蕎麦屋さんで「力うどん」をオーダー |

美女と入った蕎麦屋さん。彼女が頼んだ品はよりによって力うどん。4ニッポリ。女性同士で暖簾をくぐったわけではないのです。ここは、同行した男性の目にどう映るか、少し吟味するべきでした。高校時代だったら、いくら美女とはいえ、デートで食べる姿を想像してオーダーしていたはず。それは、大人になった今も同じこと。自他ともに美人と認める自分が、力うどんだなんて。だいたい、蕎麦屋でうどんというのも肩透かし。これからは胃袋のリクエストをストレートに表現するのはやめましょう。

| 4 | **60**_{Npr} | 初めてパンティを脱がせる瞬間、自ら腰を浮かせてきた |

憧れの美女と、今宵ついにベッドイン。念願のパンティを脱がせるその瞬間！　脱がせやすいように美女自らが腰を浮かせてくれた。この、男が少し冷める気持ちは60ニッポリ。これは、いけません。腰を浮かす美女も、うかつでした。女性に高度なテクニックが必要となります。いざ、男性がパンティを脱がそうと腰に手をやった瞬間、くすぐったいふりをして腰を浮かせる。あるいは逆に、拒むふりで腰を少し引いてみる。その反動を利用して、男性が一気にパンティを引きおろす。息のあったプレイのひとつです。あうんの呼吸で、男の気持ちを冷まさないよう訓練しましょう。

Le coeur masculin de désintéressement

| 5 | **80**Npr | お尻にポリポリと掻かれた虫刺されの跡を見つける |

さらに、お尻にポリポリと掻かれ大きくなった虫刺されの跡を見つけてしまったとき、80ニッポリ。夏にはご用心してください。掻きすぎてできた、だらしないかさぶたも同じこと。また、鼻の頭にニキビ跡、脇の毛一本抜き忘れ、ハイレグ水着の処理が少し伸びかけ、ホクロから長い毛、あろうことか乳から毛、よく見りゃ意外に汚いヘソの中、産毛を通り越し正体はヒゲ、恥ずかしいところに想像以上のでっかいホクロなどなど。男が少し冷める気持ちになるきっかけは、あらゆるところにいくらでも潜んでいるのです。気をつけなければなりません。

| 6 | **180**Npr | 美女が宗教に勧誘してくる |

やたらと宗教に勧誘してくる美女。180ニッポリ。美人でない人の勧誘より、恐ろしく感じるのはどうしてなのでしょうか？ 会社のマドンナと噂される美女自らが、社内メールでデートに誘ってきた。信じられないと相手のことを疑いつつも、いそいそと出かけるあなた。なぜかデートの場所は地元の公民館。映画やコンサート、ましてや食事ではなさそうです。約束の時間にホールに着いてびっくり。彼女のお誘いは宗教勧誘キャンペーンのセミナーだったのです。すでに、彼女は壇上で講演中。男の気持ちは、少しどころか180ニッポリも冷めるのです。

7 | 383 Npr | 不感症

問題はコレ。不感症でしょう。383ニッポリです。あなたが面白いことを言っても、怒鳴っても、風邪をひいても、「ふ〜ん」くらいの返事しかない無関心っぷり。ましてやベッドで、もんでも、さすっても、愛のセリフをささやいても、ウンともスンとも反応しない女性。当然、返事もありません。マグロ状態であろうと、若くて活きがよければまだしも、いつ陸にあがったかわからないくらい月日の経ったマグロでは、男が冷めるのも無理はありません。このままでは男性側も、不感症の影響を受け、同じ症状になってしまいます。すぐさま手を引きましょう。

8 | 650 Npr | 根性焼きの痕が羅列

根性焼きの痕が羅列。650ニッポリ。今現在の彼女が好きなんだ！ なんて自分に言い聞かせてみても、根性焼きの痕が消えることは、残念ながらありません。以前は学校の部室で、そして族のレディース団体のメンバー宅で、漢字だらけの刺繍をほどこした衣類に身を包み、何かあれば、義理と人情と気合いの根性焼きで、気がついたら根性焼きの痕が見事に羅列。遠くから見ると模様みたいです。こうなったら、彼女は、根性焼きという衣装を一枚、身にまとっていると考えてしまいましょう。腕や太ももの根性焼きは、彼女の新しいコスチュームなのです。

9 1,080 Npr 本人は美女なのに両親がそうでなかった

本人が美女であっても、両親がそうでなかったとき。これは1,080ニッポリです。20年後の彼女の姿は、まさにソレなんです。女の子は父親に似ると、よく言います。パーツ？　配置？　バランス？　どうしたら、この両親から美女の彼女が生まれたのか。掃きだめに鶴？　猫に小判？　暖簾に腕押し？　顔に工事をほどこす「いじった」という行為も考えられます。何が真実かは、調べてみる価値があるでしょう。たまたま似ていないということだって無きにしもあらず。幼少時代のアルバムや卒業アルバムなどで確認してみては、いかがでしょう。

10 8,300 Npr 父親がその筋の人だった

父親がその筋の人だったとき、数値は大きく跳ね上がります。8,300ニッポリがカウントされます。デート帰り、いつもは家の近くまで見送るけれど、「せっかくだから父に会っていって」と提案され、のこのこ彼女の家に上がり込んだあなた。しかも夜分に手みやげも持たず。ガレージにあるミラーが必要以上に暗い高級外車が、少し気になってはいたものの、いざ、玄関に足を踏み入れて納得。はく製や調度品に驚くより先に、若い衆の出迎えで気づくのです。そして、父親の威圧感とその場の空気で、後には引けない気持ちと一気に冷める気持ちを体験するのです。

11 | 92,000 Npr | 美女の正体が結婚詐欺師

彼女の正体が結婚詐欺師だったとき。92,000ニッポリです。というか、人生最悪の瞬間といっても過言ではないでしょう。したがって、この数値をカウントする結果を得ることができました。恐いお父さん10人以上に冷める気持ちになるのですから相当です。恋人気分を利用して、あの手この手で高価な着物や宝石を買わせるデート商法は、この手法を用いています。気持ちが冷めるなんて、呑気なことを言ってる場合ではないと思われます。いますぐ消費者センターか警察に駆け込みましょう。引っかかるあなたもあなただと、お灸をすえられることも覚悟のうえで。

12 | 115,000 Npr | 美女なのに後ろ姿が変だった

最も高い数値をはじき出したのは、意外なシチュエーションでした。楽しかったデート。美女と別れ際、彼女の後ろ姿が変だったとき。これは、115,000ニッポリと最高値です。残念ながら、それが彼女を見る最後の姿となってしまうのですが、それはそれで仕方ありません。だって本当に変なのですから。これは女性が陥りがちな罠なのです。自分から見えるところにだけ情熱を注ぎ、見えないところはノーケア。出かける前は、必ず後ろ姿、右・左の横姿、男性の目線を想定し、上から見た部分、階段下から見られることもあるため、下からみた部分を再点検。

Le cœur masculin de désintéressement 081

Sekai Tan-i Nintei Kyoukai

#10
しつこさ
[Obstination]

$$\left[\begin{array}{c}\text{トラックが「バックします」と}\\\text{繰り返すしつこさ}\end{array}\right] = 1\overset{\text{バック}}{bk}$$

単位認定の経緯

「しつこさ」の単位を認定するにあたって、我々は大きなタブーとの衝突を経験するに至りました。というのは、いったん認定を内定された単位がある巨大な圧力により覆されたのです。

我々としては、当初かなり不本意だったのですが、当協会の存続にかかわりそうだったので、次善の単位を検討しました。

そこで、提案されたのが、トラックが「バックします、バックします」と連呼するしつこさでした。ほぼ、これで決定だろうと思われたとき、また一つの障害が。前作「新しい単位」をひもとくと、「うっとうしさ」の単位で、まったく同じ事例が取り上げられていたのです。

しかしまぁ、「しつこい」ことが「うっとうしい」という感情を喚起させるし、一度発表した事例を、また使い回すということこそ、まさに「しつこさ」ではないかと思い直し、単位として正式に認定しました。

ちなみに、タブーとして封印された単位とは「ミツコ」でした。これが、何を意味するかは皆さんの想像にお任せします。

STNK 世界単位認定協会

1 調査中 | キダムのしつこさ

ファシナシオン、サルティンバンコ、キダム……。少しずつ名前を変えて、演目も変えて公演しているものの、すべてはシルク・ドゥ・ソレイユなるサーカス団によるもの。公演を見た人のほとんどが必ず「今度のはすごいよ！」と言うものの、やはりしつこさの単位はつきまといます。どんなものにもしつこさの影があるという例ですね。「キダムが来ます！」、誰もがそのスポットCMをご覧になって、「ハイハイ、象は出ないのね。なるほど！」と何バックかの感情を持つのです。「キダムは帰ってきます！！」。キダムの帰還の状況を調査して、あらためてご報告したいと思います。

2 | 3bk | ロード・オブ・ザ・リングのしつこさ

ロード・オブ・ザ・リングのしつこさ。長篇三部作ということからして、これは3バック。2004年に第三作目が上映されるので、今は少し落ち着いている数値も、公開前には「またやるのか!?」と、倍の6バックほどのしつこさを感じます。映画がしつこいというより、テレビでやたらと目につくスポットCMをしつこく感じることにより、この数値へと導かれていくのです。これが、「男はつらいよ」全48作の域に達してしまうと、むしろ−3バックのしつこさを計上するのです。「寅次郎真実一路」「口笛を吹く寅次郎」「夜霧にむせぶ寅次郎」「花も嵐も寅次郎」……。制作者の苦労がうかがわれます。

| 3 | **20**bk | 「ねぇ、愛してる？」と聞く女のしつこさ |

ベタベタとまとわりつき、「ねぇ、私のこと、愛してる？？　ねぇ、愛してる？？？」と聞く女。20バック。しかし、男のほうもエッチの前だけは「愛してるよ」と素直にこたえてしまうのは何故でしょう。そういえばそれなりに雰囲気のあるバーで、どうやら雲行きのあやしい様子のカップルを発見しました。男性から別れ話を切り出したようですが、「愛してるって言ってくれたじゃない！」と抵抗する女性。しかし、残念ながら間違っています。普段はこたえてくれない男性が、エッチの前だけ「愛してるよ」とこたえてくれるのは、自動音声みたいなものだからなのです。

| 4 | **35**bk | ニュース速報のしつこさ |

ドラマのいちばんいいところで、連続してニュース速報。35バック。東京在住の人々にとって、他の地域の市長選挙などは、どうでもいい話としか思えません。ニュース番組でまとめてお伝え願いたいものです。夕方の再放送ドラマも同様のことが言えます。「今夜のドラマの見どころは……？」と画面の下にテロップが流れ、あらすじが、つらつらと右から左へ通り抜けていきます。そういう告知は、その後の5分番組でじっくりやってくれればいいのです。気になって、ドラマに集中できないのですから、テレビ局がいじわるをしているとしか思えません。スーパーやテロップが多すぎです。

Obstination　085

5 　60bk 　電話ボックスに貼られるピンクチラシのしつこさ

電話ボックスに貼られるピンクチラシのしつこさ。60バック。写真や店名は違えど、よく見れば全部同じ電話番号だったりするものです。ためしに電話をかけてみると、やはり同じ男性が電話口に出てきます。そのうえ店名を名乗らなかったりするのですから、たまったものではありません。そうなるとおそらく、店舗ごとに女性がいるわけではないとも思われます。いろんな種類が必要なのか。あんなにたくさん貼る必要があるのか否か。剥がして持って帰る人は果たしているのか。多くの謎を含むピンクチラシ、しつこさは認定できますが、あとの部分は協会にとって未知なる世界です。

6 　150bk 　新聞の勧誘のしつこさ

新聞の勧誘。150バック。玄関のドアに10センチ以上の隙間を作ってしまうと、確実に右足をはさんできます。こちらもつま先で押し返すなどして防衛手段に出ることをおすすめします。元配達員から聞いた話によると、契約が切れそうになる家を、勧誘担当に教えてあげていたそうです。それで、契約更新はあんなに素早くやってくるのかと納得したものです。ただ、一度契約しているので、しつこさはバージョンアップ。また、このしつこさを、てこの原理のごとく利用して、展覧会や野球のチケット、洗剤などをもらいまくり、洗剤を自分で買ったことがないと豪語する輩もいました。

7 | 206 bk | 「志村〜、後ろ！ 後ろ!!」と繰り返す子供のしつこさ

「分かってるっつーの！」と、志村は思っていたかどうかは別として、「8時だヨ！全員集合」のオープニングコントで志村けんが遭遇する危険シーン。お約束の盛り上がりが期待される一コマです。ここで、「志村〜、後ろ！　後ろ!!」と、子供達がステージに向かって叫ぶしつこさは206バック。志村の背後には、幽霊や悪者、あるいは、いかりや長介の姿があったのですが、志村は余裕の表情。いつもはテレビで見ている子供達からしてみれば、俺達が志村を救ってやるんだ！くらいの心意気があったのだと思われます。その気持ちが、206バックものしつこさを生み出していたのです。

8 | 880 bk | 「一人一人が家に着くまでが遠足だ！」という教頭先生のセリフのしつこさ

遠足の解散前に教頭先生が必ず言うあのセリフ。「一人一人が家に着くまでが遠足だ！」に880バック。小学校六年間、誰もがあのしつこさに耐え忍んできました。遠足前も、「弁当にナマ物を入れてこないように！」「お菓子は300円まで！」「バナナはお菓子ではない！」「水筒にポカリスエットは入れてこない！」「マムシに噛まれたら、縛って口で吸え！」などの訓示のあと、先生は、きまってこの「一人一人が家に着くまでが遠足だ！」を力強く叫ぶのです。校長先生以下、引率の先生たちも軽く苦笑い。教頭先生の存在意義は、学校行事におけるトークパフォーマンスなのかもしれません。

9 | 960 bk | 「一時間800円！」というテレクラの呼び込みのしつこさ

新宿に鳴り響く、テレクラの宣伝ナレーションに960バック。そのエキセントリックすぎる口調は、半径1キロメートルの人々に強烈なしつこさを与えています。歌舞伎町のゴミゴミした街並みに、今日もあの声が聞こえてきます。「一時間800円！」と表記しましたが、正しくは「一時間、はーっぴゃくえんっ！」。この大袈裟な調子が960バックに相当するのです。あるテレビ番組で、「留守番電話サービスセンターです」や「午前九時五十五分をお知らせします」のナレーションを担当している女性がモザイクで出演していました。この「一時間800円！」のナレーターも拝見してみたいものです。

10 | 1,230 bk | コンサート中のギターソロのしつこさ

本当に必要なのでしょうか？　コンサート中盤になると始まるギターソロ。うまければうまいほど、より強い「しつこさ」を感じてしまいます。アイドルのコンサートなのに、着替えに時間がかかるのか、その日いちばん長い演奏曲がギターソロになってしまいました。ちょっと待ってください。次第にギターの音はドラムへと入れ代わり、ドラムソロがスタートです。もちろん、後ろに控えしはベース、キーボード、チェロ、オカリナ……。アイドルってずるい！　それぞれのパートがソロを演奏したら、1,230バックなんて生易しい数値では収まらなくなります。

11　2,340 bk　ブリトニーに迫るストーカーのしつこさ

「あちゃー、日本人がストーカーかよ！」と誰もが大いにあきれた事件でした。ブリトニーに迫るストーカーに2,340バックです。毎朝見かける女子高生や、会社で憧れの同僚ではなく、よりによってアメリカの人気アイドル、ブリトニー・スピアーズがターゲットだなんて！　ストーカー行為も常識を逸脱しておりますが、相手が相手だけに、逸脱の仕方が360度回転して元に戻ったようなものです。横浜市在住の41歳が、21歳のアイドルに何百通ものファンレターと写真を送り、アメリカの自宅まで押しかけてしまうエスカレートっぷり。和解したとはいえ、そのしつこさは皆の咽にひっかかったままです。

12　128,950 bk　「宝島の地図」シリーズのしつこさ

これは、BSフジと契約している方のみが実感できるマニアックな事例です。なのに、この数値が計上されてしまうくらいに、しつこいということですね。参考までに、「宝島の地図」「宝島の地図PROFESSIONAL」「宝島の地図PINEAPPLE」「お宝島の地図」「宝島の地図よっ」と続いています。今後、「帰ってきた××」「××リターンズ」「蘇った××」の××部分に、「宝島の地図」が当てはまらないことを祈りたいと、我々協会員は、他人事のように思うのです。また、再放送の多さも、この「宝島の地図」のしつこさを、かなりの勢いで盛り上げているのも事実です。

Sekai Tan-i Nintei Kyoukai

#11
仲睦まじさ
[Intimité]

$$[\text{手術中の執刀医と看護婦に感じる仲睦まじさ}] = 1 A\overset{アセ}{s}$$

単位認定の経緯

ひょっとすると極めて個人的な意見なのかもしれませんが、「あうんの呼吸」という言葉にも「エッチな関係」を連想させてしまうところがあるのではないでしょうか。なんというか、二人っきりになった途端に、窓ガラスを曇らせながらアーンとかウーンとか変な呼吸（？）をしちゃってる、そんな不適切な関係を想像してしまいます。

手術中にアセを拭いてもらうだけで、「こいつらデキてるんじゃねえか？」と勘ぐるのはあまりにも下品です。いや、医者の愛人といえば看護婦と考えてしまうこと自体、かなり下品。しかし、一番下品なのは、実際に身近な看護婦に手を出してしまっている医者だってことは間違いないでしょう。

STNK 世界単位認定協会

| 1 | **7**_{As} | ラブチェアを見ただけで生じる仲睦まじさ |

驚いたことに、家具売り場のラブチェアを見るだけで、その瞬間に7アセという微妙な仲睦まじさを感じていたことが判明しました。なにも、ラブチェアでいちゃついているカップルを見かけたときにだけ、仲睦まじさを感じるとは限らなかったのです。言葉ひとつで、その仲睦まじさ以上のものを察知します。たとえば、人気の恋愛観察バラエティ番組「あいのり」のラブワゴン。ただのワゴン車に「ラブ」がついただけで、こんなにも照れくさく感じるなんて。同様に、ビジネスホテル、高級ホテル……、これがラブホテルになると、なんだかいてもたってもいられません。ラブという名称が相乗効果をもたらすのです。

| 2 | **12**_{As} | マクドナルドの店員のやりとりの仲睦まじさ |

仲睦まじさを漂わせているのは、愛し合うカップルの姿だけではありません。それは、仕事の現場にも同様にいえることがわかります。代表的な例が、マクドナルドの店員同士のやりとり。「チーズバーガー、プリーズ？」「サンキュー！」とか「ビッグマック、プリーズ？」「サンキュー！」。日本人同士がカタカナ英語で交す不自然なあの掛け声も、12アセという仲睦まじさに支えられていたため、誰もツッこむ気にならなかったのです。しかし仮に、会社で憎らしい上司に「××プリーズ？」と何か頼まれて、「ノーサンキュー！！」と応えてしまうと、－12アセが計上されます。

3 | 24As　エアロビクス男女混合の部のカップルの仲睦まじさ

飛び散る汗も、二人にとっては仲睦まじさの小道具みたいなもの。エアロビクス男女混合の部に出場のカップルは、24アセの仲睦まじさ。大会の前に何度もぶつかりあって、そのたび確かめあってきた二人。もうダメかもしれない……と何度も落ち込んで、一度は本気で衝突しました。様々な苦難を乗り越え、エアロビクス全国大会に晴れて出場することになったカップルに、なにも恐いものはありません。しかし、練習に練習を重ね大会に出場しても、表彰式が終わったあとは、それぞれの恋人の元へと帰っていくのです。したがって、高数値ではない24アセが妥当です。

4 | 36As　連れションする仲睦まじさ

男同士でも、男女以上の仲睦まじさを発揮することができます。でも、勘違いなさらないように。新宿2丁目の話ではありません。連れションのことです。横一列で男子が確かめあう仲睦まじさといえましょう。女性同士でも同様に連れション行為で仲睦まじさをカウントしますが、いかんせんグループで行くことが多いため、仲睦まじさという数値では測れないことも。前述しましたが、新宿2丁目を連れ立って歩く男性同士のカップルに関しましては、仲睦まじい以上の想像をさせるものがあります。考えてみれば、それは男女のカップルでも、同様のことがいえます。

5 38 As 橋田ファミリーの仲睦まじさ

脚本家・橋田壽賀子先生を中心にした橋田ファミリーは、常に45アセの仲睦まじさを維持してきました。連れションの数値と同程度の仲睦まじさということですね。ほかにも、欽ちゃんファミリー、小室ファミリーも存在しますが、数値は、かなり異なります。ただし、藤岡琢也、長山藍子、前田吟、泉ピン子、角野卓造、赤木春恵、えなりかずき、大和田獏、岡本信人など、橋田ドラマの出演者を橋田ファミリーと呼ぶそうですが、上戸彩も当てはまるのか、現在、審議の必要性が迫られています。

6 50 As 二人乗りする仲睦まじさ

新緑の高原でさわやかに会話を交す二人乗り貸し自転車も、都会の喧騒のなかをすり抜けていくちょっとやんちゃな自転車二人乗りも、どちらも仲睦まじさは50アセ。誰にも二人を止められません。できるのは、お巡りさんだけ。「その自転車、誰の？　二人乗り、だめじゃない」……叱られます。こんなことができるのは若いうちだけといって、傍若無人にふるまって、他人に迷惑をかけるようになれば、仲睦まじさどころの騒ぎではなくなります。免許を取ってバイクの二人乗りか、ブランコの二人漕ぎぐらいの仲睦まじさにとどめておきましょう。ただし、バイクのハコ乗りは禁物です。

7 | 120 As | ひざ枕で耳そうじをしあう仲睦まじさ

誰もが微笑ましく感じることでしょう。縁側での耳掃除、120アセ。人が、仲睦まじさをハッキリと意識するのは、数値が100を越えてからだといいます。御近所でも噂になり、評判のおしどり夫婦として名を馳せることでしょう。しかしこれが、道ならぬ関係であった場合、縁側の雨戸は閉めておこないましょう。人目のない密室での耳そうじは、濃密な時間になることは間違いありません。ホテルのベッドで、和服姿の耳そうじ。仲睦まじさを通り越して、ちょっと凝り過ぎとの声も聞こえてきそうです。イメクラのメニューにもご推薦します。

8 | 150 As | 二人三脚する仲睦まじさ

微笑ましいカップルから気持ちの悪い夫婦まで、この世に存在するすべての仲睦まじさをかもし出すためには、自転車の二人乗りよりも、二人三脚のほうが3倍の効果があることを立証しております。二人の息が合ってこそ二人三脚。これに、タイヤ転がしなどのオプションを加えれば、より二人三脚も盛り上がることでしょう。二人三脚出場が決まったら、早速、寝る間も惜しんで特訓です。トイレ以外は、ずっと傍らにパートナー。より一層、絆も強くなることでしょう。いざ、本番のスタート第一歩で、緊張のあまり前のめりに倒れてしまわないように。

Intimité 095

9 5,400 As ペアルックの仲睦まじさ

仲睦まじさにおける伝家の宝刀といえば、ペアルック。突然4桁の数値にはねあがりました。同時に、かなりの「恥ずかしさ」(単位はムギチャ。P129を参照)や「おぞましさ」「いたたまれなさ」などを発生させながらも、これほどの数値を弾き出すのですから、アタマが下がります。また、アナクロニズムの単位(単位はハンカチーフ。P106を参照)でもペアルックが検証されているように、仲睦まじさをアピールしながら、同時にアナクロニズムの香りをまき散らしていることも、頭に入れておきましょう。どちらにしても、ペアルックというものは周囲から注目されていることを意識した、能動的な行為なのです。

10 12,640 As ヘッドフォンのLとRで音楽を聴く仲睦まじさ

ペアルック以上の仲睦まじさを発揮するためには、人の心にぬくもりを与えるほどの「可愛らしさ」というものが要求されます。ヘッドフォンのLとRを片方ずつ分けて、二人寄り添って音楽を聴く。涙が出るほどの微笑ましさに、12,640アセが与えられます。昔の録音だと、女性には演奏だけで男性にはボーカルだけが。それでもいい。一つのものを分けあうこと。この「一杯のかけそばイズム」が、仲睦まじさをここまでの数値に導いたのです。微笑ましいとは思いますが、電車のなかで見かけると、目をそらしたくなります。現実とは、そんなものかもしれません。

11 72,000 As   コアラと三原じゅん子夫妻の仲睦まじさ

亭主・コアラの体重20キロ減により、夫婦でダイエット本を出すほどにまでなった、コアラと三原じゅん子夫妻。この結婚、はじめは誰もが「え？ まじで？？」と仰天したニュース。今となっては、林家ペー・パー子夫妻を抜いて、ある意味で芸能界屈指のおしどり夫婦にまで成長いたしました。トイレも風呂も、ドアを開けっ放し。その開放的な生活ぶりまで伝わって、仲睦まじさは72,000アセの夫婦に認定されたのです。夫の浮気写真が写真週刊誌に掲載されたり、妻が宗教に走った末、夫の知らぬ間に家財差し押さえ、ダブル不倫、夫のギャンブルによるドロ沼借金地獄などの大事件が二人を襲わないことを祈ります。

12 156,995 As   心中してしまう仲睦まじさ

現在、最高数値とされる仲睦まじさは、心中。156,995アセ。仲睦まじさも、極限まで達すると、リアクションに少々困ることがわかりました。したがって、その困り具合を数値に表し、15万7,000アセから5アセ引いたわけです。そもそも、二人をそこまで追い詰めたものはなんだったのか。まさか、深く考えないで、ノリで？ そんなの許しません。ここまでの数値を得ようとしたがゆえの心中なら、コアラと三原じゅん子を越えるカップルになることを心の底からおすすめします。もし、インターネットの心中志願サイトなんてものがあれば、断固阻止します。それは、仲睦まじさの冒涜です。

Intimité 097

#12
あっけなさ
[Ephémérité]

$$\left[\begin{array}{c}\text{ショッカーが「イー!」と登場するものの}\\\text{すぐにやられるあっけなさ}\end{array}\right] = 1\overset{\text{イー}}{i:}$$

単位認定の経緯

世代による違いなのでしょうか、ショッカー戦闘員の叫びは人によっては「イー」ではなく「ヒー」であったりするようです。

その確認のため、一応仮面ライダー第一号のビデオをチェックしてみたのですが、なんと番組開始当初のショッカー戦闘員たちは無言でライダーに襲い掛かっていました。原作漫画を開いても「イー」や「ヒー」という掛け声はありませんでした。

「カット、カット！　あのさー、戦闘員の諸君だけどさ、なんっちゅうのかな、迫力がないんだよね。どうしようかな、なんか声とか叫んでみてくれない？」「ハーッ、ってのはどうですか？」「うーん……」「ウリャー、では？」「違うな」「イー、てのはどうです？」「……悪くないね。もう一回！」「イーッ」「オッケー、それで行こう！」

撮影現場のそんなヤリトリで決まってしまったのではないかと想像しているのですが、どんなもんでしょ？

ＳＴＮＫ　世界単位認定協会

1 53ｉ：三重県津市のあっけなさ

あなたは、三重県の県庁所在都市をご存じでしょうか？　津です。ちょっと、語感が寂しいですかね。電車に乗っていて、「次はー、津ー、津ー」とアナウンスを聞くと、微妙な寂寥感がありそうです。同じ三重県ならむしろ、四日市のほうがリズムがよくていい感じかもしれません。津市出身の人に、「三重県のどこの出身なの？」と出身地を尋ね、「出身？……津！」と、答えてもらったら、あっけなさのあとにくる、ぽっかりと胸に空いた空気を肌で感じていただけることと思います。ショッカーが53人退散するくらいのあっけなさになるはずです。

2 200ｉ：年季の入ったおばあちゃんの店で万引きするあっけなさ

悪いことだとわかっていても、ついつい手が出てしまう……なんてこと、ありますよね。200イーはポケットに入れたラムネガムより高い数値で、年季の入ったおばあちゃんには、誠に申し訳ない気持ちになります。また、これが某古本屋チェーンに持ち込むのを目的とした、新刊書店での辞書の万引きなんてことにまでなったとしたら話は違います。悪い芽は、早めに摘んでしまいましょう。いくら200イーといっても、万引きは犯罪です。くれぐれも、年季の入ったおばあちゃんを悲しませないように。

3 | 340ｉ： ワンマン社長の一言で片付いてしまうあっけなさ

長引いた会議が、遅れて現れたワンマン社長の一言で終了に。我々は、まさにその瞬間、340イーものあっけなさを感じてしまいます。いや、感じずにはいられません。そしてさらに、「最初から会議にいろよー」と、ツッこまずにはいられません。が、しかし、社長は社長で「来る前に、結論出しとけよー」とか、「終わってると思って行ったのにー、会議長いー」と、思わずにはいられないのです。会議というのは長いもの、社長の一言で終わることは抜きにしても、早く終われば終わるほどよいものです。いずれにせよ、灰皿はこまめに取り替えましょう。

4 | 493ｉ： あっという間に過ぎ去った大正時代のあっけなさ

日本の歴史において、あっという間に過ぎ去ってしまった大正時代に感じるあっけなさは、493イー。日本史の教科書においては、明治から昭和へとあっけなく飛ばされてしまい、ほとんどとりあげられないですよね。東京にも、明治通りと昭和通りはあるのに大正通りはありません。でも、これが大学だと明治大学と昭和大学と同様に大正大学がありますね。馴染みのある言葉は「大正デモクラシー」とか「大正琴」あたり？　あとは、「大正製薬」「大正海老」くらいでしょうか。いずれにしても、いろんな意味でほどよくあっけない感じです。

5 660 i: コマ撮りした作品を見て感じるあっけなさ

制作した本人にしかわからないでしょう。苦労してコマ撮りした作品を見たときに感じるあっけなさ。660イー。「宝島の地図」のシリーズのコマ撮りディレクターが、このあっけなさから解放される日は、いつのことになるでしょう。ダメ出しがあって、作り直しを命ぜられてたときも、お先真っ暗でどうしようかと思いました。なぐさめるわけではございませんが、辛いものですよね。そんななかで、「新しい単位」がDVDになって発売されることになりました。あくまでもまだ予定ですが、コマ撮りディレクターの苦労も、これでやっと報われるといえるでしょう。お疲れさまでした。

6 790 i: 我慢してたウンチを出すときのあっけなさ

下腹部にさしこむ痛み。ガマンにガマンを重ね、いざ放出！　ウンチが出た途端、さっきの痛みはどこへやら。この瞬間、我々は790イーのあっけなさを感じてしまいます。30メートルもの腸のなかを旅してきたのです。「ごくろうさま！」と一声かけたくもなります。ウンチのパワーってすごい。ちなみに、トイレの水を流した後に感じるあっけなさも、同じ790イー。流水レバーを握る手が、ちょっと震えます。しかし、流れてしまえば、さっきのダイナミックなごっついウンチも遥か彼方。一日一回の快便派は、このあっけなさを毎日感じている計算になります。あっけなさは、日常に密着しているのです。

| 7 | **896**i: | ソープランドで童貞を捨てるあっけなさ |

初めての相手は、上司に連れられて行ったソープランドのソープ嬢。人気ナンバーワンと勧められて、期待したのもつかの間、肩透かしを食らった気分は否めません。しかし、サービスはさすがプロ。ただし、初めてなので、それがいいのか悪いのか判断できませんでした。そうこうしているうちに時間は過ぎて行き、いつしか退室。他人の前で生まれたままの姿になるって、どうなの？　最初はいろいろ考えてしまいましたが、結局、やることはきちんとこなして、ソープを後にした瞬間、896イーを実感したのでした。人間は、経験を積んで強くなることを、このあっけなさと共に学びました。

| 8 | **1,200**i: | 全5回で終了の「宝島の地図よっ」のあっけなさ |

BSフジでオンエア中の「宝島の地図」シリーズで、わずか5回で終了となった「宝島の地図よっ」のあっけなさは、年季の入ったおばあちゃんの店で万引きするあっけなさの6倍に相当する「あっけねー」終わりであったことが判明しました。「十年続けばいいね！」とか「高視聴率で社員食堂に貼り紙が貼られるといいね」と、淡い夢も描いたものです。それが、無情にも5回で終了。鳴り物入りで始まったにもかかわらず、大失敗した連続ドラマも同じこと。強引なストーリー展開で、数話も減らしたらこうなった、実になさけない結末に、あっけない負け試合を彷彿させられます。

9　1,520i:　1万円札を10枚の千円札にくずしたあっけなさ

まず手始めに、たった一枚ある一万円札がありがたいのは何故なのかを考えました。たとえば、九千九百九十円より一万円札のほうがありがたいのは、価格のせいもありますが、むしろ「くずしていないから」なのではないでしょうか。くずしてしまったら、千円札十枚なんて、あっという間です。この、あっけなさは、1,520イー。では、どうすればいいのでしょう。それは、一万円札を使わないことです。必要に迫られたら、なんとか小銭で切り抜けましょう。そもそも、「くずす」という表現自体に、すでにあっけなさ感が漂っているのかもしれません。

10　2,030i:　犯人だとわかる役者が出ているサスペンスドラマのあっけなさ

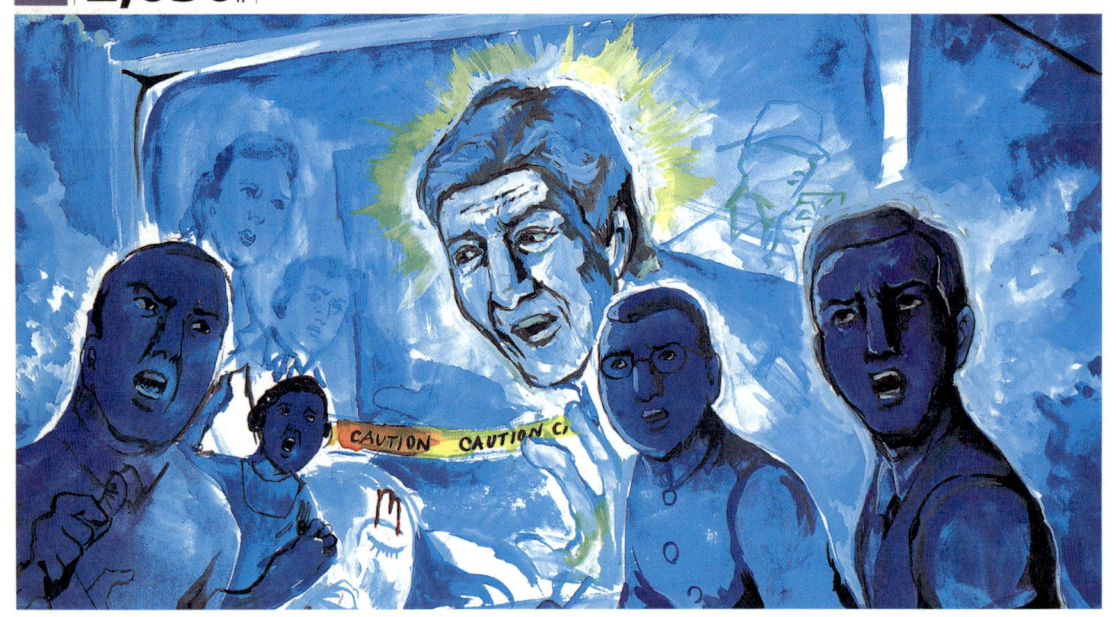

多くのサスペンスドラマで、数多くの犯人役をこなしている役者が、今回またまた登場！　のバレバレ感満載なあっけなさ。2,030イー。「また、お前かよっ！」とさまぁ〜ずの三村風にツッこみを入れたくなるあっけなさといえば、これでしょう。また、見せ場や決めゼリフもなんとなく同じに思えます。思いきって、犯人役を主演に、サスペンス女王を犯人にするくらいの思いきったドラマ改革が叫ばれてもいいのではないでしょうか。金曜エンター、土曜ワイド、火サス……、ほぼ毎日が二時間ドラマ祭り状態の今、常識を越えたサスペンスで、あっけなさを打破してみては。

11 | 調査中 | テツandトモのあっけなさ

現在、我々が最も注目しているのは、今や人気爆発中の「テツandトモ」です。彼らが、あっけなさの対象となるか否かの結論は、近いうちに発表したいと考えております。そして、「田園調布に家が建つ」で人気だった漫才コンビ、星セント・ルイスが解散を発表。コンビでの最後の実演は品川のホテルで、昭和のいる・こいる、テツandトモとのディナー寄席だったと報告されています。活動年数が長くとも、何故かコンビ解散の印象は、あっけないの一言につきます。セント・ルイス、テツandトモの今後の動向に注目していきたいと思います。

12 | 2.8M$_i$ | 核ボタンを押してしまうあっけなさ

悲しいことに、あっけなさの史上最高値を記録してしまったのは、核ボタンを押してしまうことでした。2.8メガイー、つまり2億8千万イーを記録しました。内容から考えると、逆に、この数値は低すぎるかもしれません。ボタン一つで、世界を恐怖のどん底に陥れるのです。当然ながら、我々協会の単位認定活動も、核ミサイルによって、あっけなく終わってしまうのです。とんでもなく身勝手で、許すまじき行為と言えましょう。そんなあっけなさは、一切御免です。我々は、永遠に愛と平和を訴え続けてまいります。

Ephémérité

Sekai Tan-i Nintei Kyoukai

#13
アナクロニズム
[Anachronisme]

$$\left[\begin{array}{c}\text{縦縞のハンカチが一瞬にして横縞になる}\\\text{古典的手品のアナクロニズム}\end{array}\right] = 1 Hkc\;\text{(ハンカチーフ)}$$

単位認定の経緯

この単位に関しては、すでにいくつかの反論が寄せられています。

中でも「ハンカチーフよりも、ハンケチと定義したほうが、よりアナクロなのではないか」「ハンカチーフではなく、マギーを単位にすべきではないか」というご意見、あるいは「この回の担当ディレクターは片岡Kや上田大輔ではなく、臨時ディレクターの三島チャンだったはず」という鋭いご指摘には、私たちも深く考えさせられました。

ゆえに、単位発表後も議論を重ねておりましたが、やがて私たちは重大な過ちに気づきました。それは、アナクロニズムという感覚を表すのにもっともふさわしい単位、それは、何をかくそう「アナクロ」という言葉自身だったということ。これ以上絶妙なアナクロニズムを感じさせる言葉はこの世に存在しないということでした。

STNK 世界単位認定協会

1 | 2.2 Hkc | 真冬に半ズボンでドッジボールをするアナクロニズム

寒風の吹きすさぶ真冬の校庭、半ズボンでドッジボールをするちょっと小太りな健康優良児の姿、2.2ハンカチーフ。いますよね。冬でも長ズボンは着ない、半そでTシャツ一本やりの男の子。ほっぺは真っ赤で、かさついているのにもかかわらず。見ているこちらまでが寒さを増しても、半そで&半ズボンを貫き通す幼い頃からの頑固者。いつの時代も学年に1〜2人の割合で存在するものです。校庭で、一番輝いているのは、こういう少年。そこはまるで市民会館大ホールのステージです。何故かこのとき、いつも少年の足には白く粉が吹いています。

2 | 3.5 Hkc | ベルトを締めすぎているアナクロニズム

半ズボンの小太り少年に続き、少年のアナクロなファッションとして最も注目したのが、キツく締めすぎたズボンのベルト。3.5ハンカチーフのアナクロニズムがカウントされます。ベルトをキツく締めることによって、ベルトが余る。これはすなわち、そのベルトがまだまだ使えることを意味しており、持ち主に安心感を与えることになります。まさに、日本がまだ貧しかった時代の名残といえるでしょう。ベルトの穴がいくつ余っていても、締め過ぎて内臓に負担がかかってしまったとしても、ここにあるアナクロニズムには誰も勝てないのです。そう、その姿は最強なのです。

3 | 4.3 Hkc 夕暮れに河原で水切りをするアナクロニズム

夕暮れの河原で水切り、4.3ハンカチーフ。水切りとは、川に小石を投げて水面を何回跳ねるかを競う、お金のかからない遊びです。兄弟で競うとき、往々にして前半は熾烈な争いが展開されますが、最後は兄には勝てないと悟った弟が、兄の記録挑戦を応援するというのがこの遊びの理想的な姿といえましょう。そこには、古き良き兄弟の関係が象徴されているのです。兄が夢中になりすぎて、弟は先に帰宅。そんな薄情な例も報告されていますが、家に帰ったら注意しておきましょう。応援がいやなら、石を積んで遊ぶなど、小回りのきく弟でいてあげましょう。アナクロニズムのために。

4 | 4.8 Hkc 兄弟ゲンカで「無量大数」と叫ぶアナクロニズム

兄弟ゲンカ。何故か言い合ううちに、「一億」「一兆」「一京」と、大きな数字が飛び出し、ついに弟が「無量大数！」と叫んだ瞬間、4.8ハンカチーフ。決まってその後、兄が「その倍」と言い返します。ちなみに、「無量大数」は十の六十八乗を表す数詞のこと（十の八十八乗としたものもあります）。それにしても、兄弟喧嘩で、兆、京、垓、穣、溝、澗、正、載、極、恒河沙、阿僧祇、那由他、不可思議、そしてようやく無量大数。ここまで言い合える記憶力の持ち主であれば、もう恐いものはありません。兄弟ゲンカによって、円周率や駅名、化学記号など、どんどん覚えていきましょう。

5 6.2 Hkc　石鹸で洗髪するアナクロニズム

シャンプーを使わず、石鹸で髪を洗う。6.2ハンカチーフ。もちろん、体も顔も、ときには浴槽も同じ石鹸で洗う。高度成長期の日本が生み出した効率的な入浴法です。ほかにも、同様の事象があるとすれば、ティッシュペーパーを使わないという方法もあります。すべてトイレットペーパーだけで済ませる。鼻をかむのも、食べこぼしも、化粧直しも、すべてトイレットペーパーでまかなう。男性の一人暮らしで、面倒だからティッシュは買わない派も、少なからずいることが判明しています。また、窓も換気扇も、すべて台所洗剤を用いるというのも、アナクロニズムのひとつと考えられています。

6 6.8 Hkc　日の丸弁当のアナクロニズム

中学校の昼休み、みんなに見られないように隠しながら食べる日の丸弁当。6.8ハンカチーフのアナクロニズムを感じとれるでしょう。おかずは、梅干し一つというシンプルかつ大胆な構成。というよりも少し清貧なイメージすらうかがえるこの弁当を「日の丸」と見立てたところに、茶道の侘びさびに通じる日本人の心が感じられます。充分に味が染み込んだ梅干しのまわりのご飯を最後に食べるのが、正しい日の丸弁当の食べかたと言われています。ただし、隠して食べていても、必ずクラスのガキ大将が目ざとく発見し、はやし立てるのも、もはや形式美として存在しています。

7　7.2 Hkc　卒業式で第二ボタンをおねだりするアナクロニズム

卒業式に、後輩の女の子から制服の第二ボタンをねだられる。7.2ハンカチーフ。しかし、実際は「なんで、こいつなんだよ？！」と思うような女の子に、しつこくねだられてしまうことがほとんどです。エスカレートしていけば、以下のようなおねだり攻撃も。「写真、一緒に撮ろ！」「寄せ書き帳になんか書いて！」「体操服、記念にちょうだい！」「靴下ちょうだい！」「今はいてるパンツ、交換しよ！」などなど、いつの時代も、記念になるものならなんでも欲しがるお年頃なのです。女って、いつの時代も、ちょっぴり欲張りなのかもしれません。

8　9.5 Hkc　失恋して髪を切るアナクロニズム

そんな女の子だからこそ、やはりふられてしまうのが世の常、人の常。悲しみに歪めた顔を涙で濡らしながら、家に一つしかないお母さんの洋裁ばさみで髪を切る。9.5ハンカチーフ。ふられた女性が、見せつけにやる典型的な行動です。切なく悲しい、女の無常です。ただし、髪は切っても伸びます。元通りになるころには、すっかり忘れているかもしれません。ところが、ちょんまげを落としても、疑惑の晴れない議員がいるのも事実。何かを忘れるために、見せしめに髪を切るというのは、ナルシシズムのかたまりみたいなものでしょう。決して真似したくない、アナクロニズムの例です。

9 | 10.5 Hkc | ペアルックで愛情確認するアナクロニズム

望まずとも街中で遭遇してしまうアナクロニズムがペアルック。10.5ハンカチーフ。着ているほうも周囲から注目されていることを意識しているのですが、かえって容姿に問題がある男女が多いことが注目すべき点でしょう。また、一般的には女性を喜ばせるための行為ですが、男性のほうも、よく見れば、まんざらでもなさそうです。注意したいのは、とんでもない色づかいのペアルックが、世の中には存在するということです。新婚旅行でオーストラリアなどにやってくる若いカップルが、これまでに目撃されており、同様のアナクロニズムを世界中にアピールしているのです。

10 | 12 Hkc | つい、角刈りをオーダーしてしまうアニキのアナクロニズム

理髪店はアナクロニズムの多発ポイントです。やはり、角刈りの代表選手といえば、文太アニキでしょうか。あと、若かりし頃の3番サード長嶋。そして、忘れてはいけないのが山本譲二。ちなみに、彼のヒット曲になぞらえて角刈りを「みちのくカット」と名づけている理髪店が、東北地方には多いそうです。やはり、角刈りには北国が似合うのでしょうか。ちなみに、角刈りは大正時代に大流行して、当時は上流階級にも大人気だったそうです。大正ロマンよろしく、上品な服を着たアニキたちが街を闊歩するのを見てみたかったですね。

11 | 13.5 Hkc | 彼女の家へ夜分遅く電話するアナクロニズム

彼女の家に夜分遅く電話。これぞ二人が交際している証といえます。しかし、かける先が自宅だと、あいにく、彼女が電話に出るとは限りません。そこで、心の準備をしてから電話をかけると、出たのは何とお父さん。すかさず無言で切ってしまう……。携帯電話の時代では、もはや見られることのなくなったこの光景。13.5ハンカチーフをカウントします。電話に出た彼女のお父さんに、「お嬢さんはいますか？」と勇気をふりしぼって言ってみても、不愛想に「いません！」と、一言いわれて電話を一方的に切られるのも、伝統的行事と見受けられます。

12 | 18 Hkc | Dカップに興奮するアナクロニズム

Dカップに興奮する。男性ならではのアナクロニズムは18ハンカチーフです。かつては、巨乳といえばDカップが主流で大本命でした。女の子がDカップであると聞いて興奮するのは、健康な男性では普通のことだったのです。しかし、今やEカップやFカップが当たり前、巨乳を越える爆乳という言葉も生まれました。その間、グラビアアイドルの水着の面積が小さくなり、それに反比例して胸は大きくなるばかり。時は流れているのです。それでも、未だにDカップ程度のボリュームで興奮できる男性は、ある意味幸せなのかもしれません。そう記す当協会会員の奥様方は、なぜか全員Bカップだそうです。

Sekai Tan-i Nintei Kyoukai

#14
達成感
[Sentiment d'achèvement]

$$\left[\begin{array}{c} \text{前作「新しい単位」が} \\ \text{完成したときの達成感} \end{array} \right] = 1Mco \overset{\text{ミチオ}}{}$$

単位認定の経緯

私たちとしては自信を持って発表してきたつもりの単位ですが、後から振り返ると「？」と感じるモノも少なくありません。

正直、この「達成感」はその代表です。前作『新しい単位』が出版されることに浮かれ、ついつい主人公・井上道夫をクローズアップしてハシャぎ過ぎてしまいました。深く反省しております。が、面倒なのでこのままにしておきましょう。

余談ですが、イラストの五月女ケイ子画伯によりますと、井上道夫のモデルは俳優・宅間伸だそうです。そう、賀来千賀子のダンナです。「全然似てねーじゃん」などと思ってはいけません。この本をじっくり眺めればおわかりいただけることですが、似顔絵がちっとも似ていないことは、画伯の「持ち味のひとつ」なのであります。

STNK 世界単位認定協会

1 **86**_{Mco}　日記帳を買った達成感

「ミチオ」を使えば、過去に体験した、そしてこれから遭遇するであろう、様々な種類の達成感に差異を見出し、その達成感ぶりを客観的かつ冷静に判断できます。たとえば、三日坊主の象徴たる日記をつける行為。なぜ四日目以降は書かなくなるのでしょうか。それは、日記を買った時点で、すでに86ミチオの達成感を得ているからでしょう。他の例として、夏休みの宿題にまったく手をつけていないのに、綿密なスケジュール表を作っただけで達成感を得てしまった。最新CDを購入したのに、聴く前に満足してしまった。などが挙げられます。買っただけで達成感が得られたためです。

2 **118**_{Mco}　ラジオ体操のスタンプがいっぱいになった達成感

眠い目をこすって、夏休みは毎朝、近所の公園でラジオ体操。帰りに押してもらえるスタンプが楽しみで、結局、皆勤賞を達成。同級生が家族で海外旅行に出かけて欠席しようとも、隣の下級生が寝坊でちょくちょく休もうとも、頑張ったわけでもないのに気がついたらフル出場。これは、夏休み最後の日を飾る実に爽やかな達成感といえましょう。買い物をして、おつりと一緒に渡されるスタンプカードも同様です。CDショップにあるWスタンプキャンペーンは、達成感への近道です。とはいえ、サイフの中が、スタンプカードだけにならないことを祈ります。

3 | 200 Mco | 100円ライターを使い切る達成感

日常のちょっとしたことなのですが、100円ライターを最後まで使い切る達成感。これは案外、得にくい達成感かもしれません。食事に行って、タバコと一緒にテーブルに置き忘れた、友達に進呈してしまった、などの理由で。強い意志と頑固な性格で、あなたの100円ライターは無事使い切られるのです。100円ライターとしては、人生を全うしたのと同じ。幸せな結末とは、まさにこのこと。200ミチオ。100円ライターなのに、200。1円で2ミチオの計算になりますね。参考までにボールペンのインクがなくなるまで使い切ったり、化粧水をコツコツ最後まで使い切っても200ミチオに値します。

4 | 250 Mco | カニの殻をすべて剥き、あとは食べるだけの状態にした達成感

食べるのに手間がかかるカニ。あらかじめ身をすべてほじくり出し、後は食べるだけの状態にしたとき、人は250ミチオの達成感を得ることができます。苦労した分、味わい深いのですが、あの量の少なさはなんとかならないのでしょうか。カニに通じる達成感といえば、ビワや夏ミカンなどの果物も挙げられます。ここでは、手先の器用さも、同時に求められているのかもしれません。器用であればあるほどに得られる達成感、不器用だからこそ、カニの殻をすべて剥いた達成感は、意味が違いますが、数値は同じです。

5 | 526 Mco | あだ名で呼ばれるようになった達成感

出会ってもう半年もたつのに、未だに「君づけ」される人。しかし、あるきっかけにより、晴れてみんなからあだ名で呼ばれるようになったとき、人は526ミチオの達成感を得ます。そのあだ名がたとえ「ウンコ」でも、その数値は揺らぎません。高校入学と同時に、ジェームス・ディーンに憧れて、「ジミー」と呼ばせるように呼び掛けた服部君。当初は失笑をかっていたものの、卒業する頃には校内ではジミーで通じるまでになりました。しかし、本来は本人のリクエストなしで、ニックネームを付けられるのが、達成感を得るための条件ですので、ご理解を。

6 | 893 Mco | 風俗嬢にプライベートで「よかった」と言われる達成感

こんなことは滅多にない人生のご褒美ですが、風俗嬢にプライベートでお手合わせいただき、「よかった」と言われる達成感。真心で接したご褒美です。これは、893ミチオ。商売上の営業トークかもしれませんので、真意のほどは定かではありません。しかし、たとえ営業であれ、「よかった」と評価されるのは、男として満足のいく達成感なのではないでしょうか。新任の女教師に褒められる感覚のそれより、家庭教師の女子大生に褒められる高校生の気分で、風俗嬢に採点された自分がいるのです。しいて言えば、及第点をいただいたようなものでしょう。自信を持ちましょう。

7 | 962 Mco　雑誌デビューする達成感

さて我々は、達成感の研究を進めるうちに、あるサンプルと出会いました。女優Bの半生を追い、達成感の差異をより明確にしたいと思います。十八歳で上京したBは、池袋の路上でスカウトされます。持ち前のダイナマイトボディを活かし、難無く雑誌デビューを飾りました。この時点での彼女の達成感は962ミチオ。しかし、これはまだプロローグに過ぎません。ここで莫大な数値を記録してしまったら、彼女はそこまでの器ということになります。ですから数値も、こんなもんです。最近はシロウトを装ったプロの読者モデルもいるため、ご注意を。

8 | 1,020 Mco　雨の中、半裸で熱演する達成感

主に肉体を活かした仕事をこなしていたところに、突然のビッグチャンスが！　ヌードを条件に映画の主役に抜擢。雨のなか、髪を振り乱し、半裸で絶叫。大熱演し、おかげで一躍中年男性のアイドルに。達成感は1,020ミチオ。スコラや週刊プレイボーイより、週刊現代・週刊ポスト読者のアイドルとして、恵まれた肉体をフルに活用するのがこの頃。肉体労働がメインで、ファッションより水着のグラビアを精力的にこなします。この時期得られる達成感は、頑張っている自分への励ましに似ているのかもしれません。問題は、この後。周りに良いスタッフやブレーンがいないと、類似女優と差がつきます。

9 1,223 Mco 日本アカデミー賞にノミネートされる達成感

演技が認められ、日本アカデミー賞主演女優賞にノミネート。輝く壇上で森繁久彌に盾を貰った時点での達成感は1,223ミチオ。肉体派女優の地位を確立しました。ここからが、女優Bの正念場です。コマーシャルもドラマも舞台も、エッセイの出版も、なんと歌手デビューまでもが思いのまま。一人では抱えきれないぐらいの仕事が舞い込んでくるのです。マネジャーも、チーフマネジャーと現場マネジャー、スケジューラーと、どんどんスタッフが増えていき、専属のスタイリスト、ヘアメイク、お付きのネイリストまで引き連れて、どこまで大所帯になっていくのでしょうか。そんな勢いです。

10 2,569 Mco 「徹子の部屋」に出演する達成感

そして念願の「徹子の部屋」に出演。「家出同然で秋田を飛び出してきた身のため、やっと母親を安心させることができます」と、涙ながらに告白。視聴者の感動を呼びました。彼女の達成感は2,569ミチオ。もちろん徹子さんも「まぁ、そうなの。苦労なすったのね」と、もらい泣きしたのは言うまでもありません。余談ですが、「徹子の部屋」に出演するということは、同時に「笑っていいとも！」の「友達の輪」の出演もクリアしていなければなりません。タモリさんに紹介され、登場したとき、スタジオ観覧者から「キャー！」とひと騒ぎされて、「綺麗〜」という羨望の声が聞こえます。

11 －256 Mco │ 二時間ドラマでの熟女ヌードが不評になる達成感

その後、二時間ドラマにシリーズを持つも、やがて打ち切り。最終回のタイトルは「シリーズ最終回・さよなら、女刑事・芝桜桃子　闇に消えた偽装結婚の犯罪トリック、温泉地で目撃された白骨死体の足どりを追え！　愛と欲望の老舗旅館に何があったのか？！　そして恐怖の寝台特急ミステリーの罠」。タイトルからして、やけくそです。起死回生のヌードも無視され、達成感は－256ミチオ。以後、二年間、表舞台から遠ざかることに。そもそも、ヌードなら、もっと若い頃に済ませておくべきだったのです。この、順番ややりかたを間違えた例は、あまりにも多く見受けられることができます。

12 －4,533 Mco │ 通販番組のレギュラーとして君臨する達成感

現在、女優Bは通販番組における必要以上に驚く芝居で、深夜族の支持を獲得。やけくそで取り組んだ、この仕事。元肉体派の意地で見せた「安いわ～ん」のセリフと趣味の悪いお色気衣装が、クラブやスナックにお勤めの方々や夜更かしの学生達の間で話題になり、ちょっとしたブームになったのです。いま、彼女は虎視眈々とゴールデンタイム返り咲きを狙っています。ちなみに現時点で、彼女の達成感は－4,533ミチオ。老舗トーク番組に出演できたときの達成感にくらべ、倍以上のマイナス数値とは、人間の業の深さを思い知ることができます。彼女に復活の日はあるのか！？

Sentiment d'achèvement

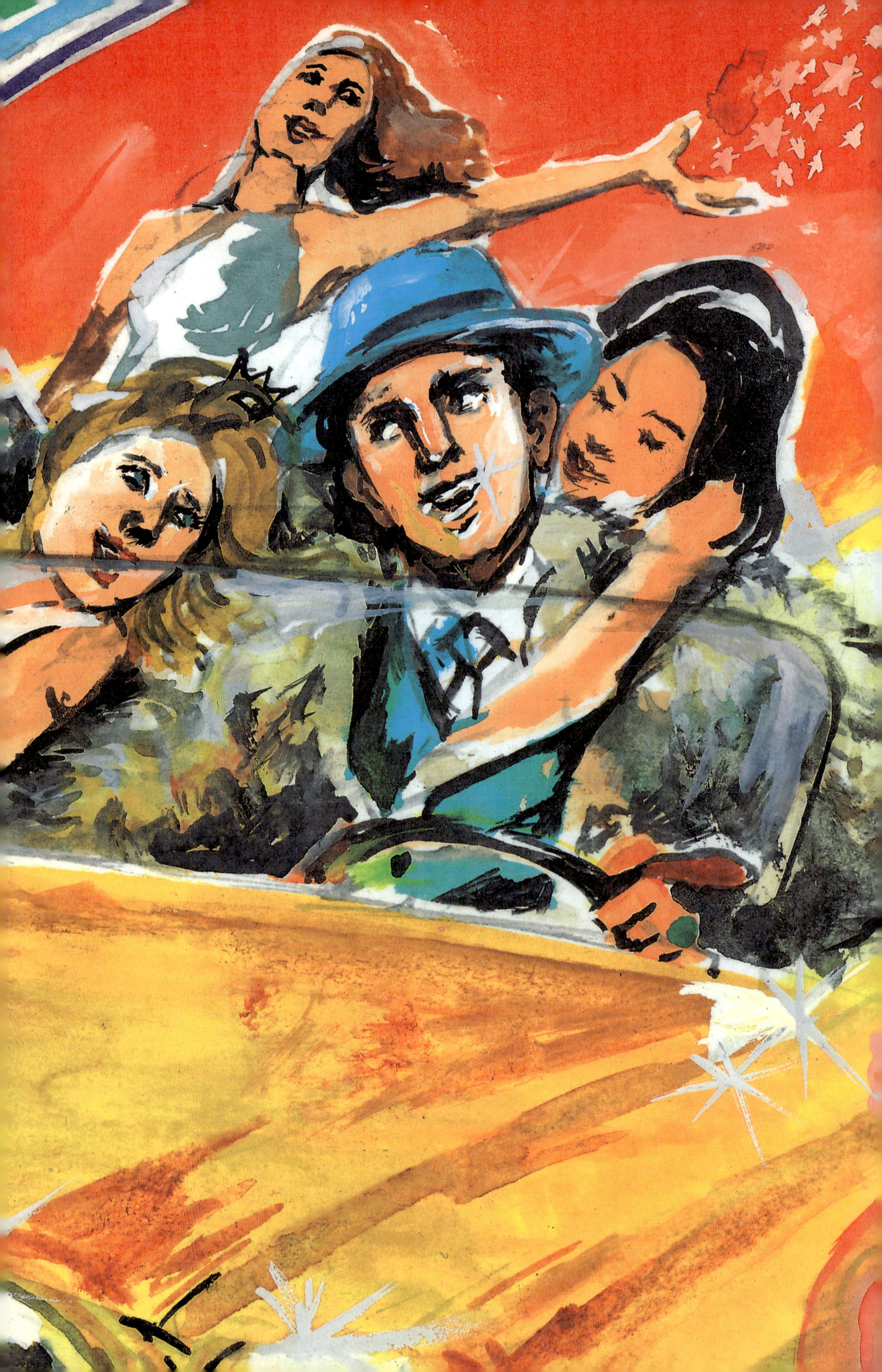

参考資料

2002年に世界単位認定協会により認定された単位

01 | ゴージャスさ

カクテルに生のパイナップルがのっているゴージャスさ

$= 1 Pnp$ (パイナポウ)

02 | 若々しさ

驚いた時「マジで〜」とリアクションする若々しさ

$= 1 Mg?$ (マジで〜)

03 | 掟破り

セックスピストルズの掟破りっぷり

$= 1 Spt$ (セックスピストルズ)

04 | 最終回っぽさ

「NK特機」だらけの現場に感じる最終回っぽさ

$= 1 NK$ (トッキ)

05 | プロっぽさ

外国人と話す時、
「ア〜ハン？」と言うプロっぽさ

$= 1 \underset{ア〜ハン}{Ah}$

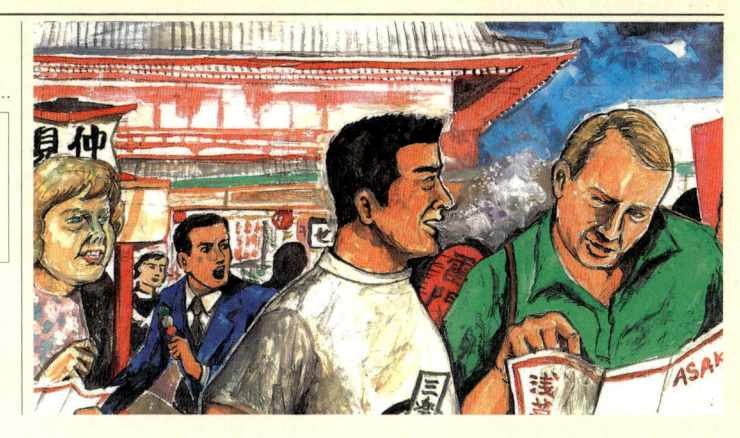

06 | 親不孝

詰襟の下に赤いTシャツを着る
親不孝

$= 1 \underset{アカティー}{akT}$

07 | せこさ

納豆に入っているカラシを
捨てずに保管するせこさ

$= 1 \underset{カラシ}{Kr}$

08 | うっとうしさ

「除菌済み」の紙を取り除く時に
感じるうっとうしさ

$= 1 \underset{ジョキン}{Jk}$

#09 気前よさ

日本直販の気前よさ

$$= 1 \overset{\text{チョクハン}}{Ch}$$

#10 違和感

スクーターに乗る
お坊さんに感じる違和感

$$= 1 \overset{\text{スクーター}}{St}$$

#11 暑苦しさ

真夏に猫語を話す人の暑苦しさ

$$= 1 \overset{\text{ニャー}}{Ny}$$

#12 だらしなさ

羽生さんの寝癖頭のだらしなさ

$$= 1 \overset{\text{ハブ}}{Hb}$$

13 たくましさ

携帯電話で非通知着信に出る
たくましさ

= 1 *Ht* (ヒツーチ)

14 もどかしさ

ダーク・ダックスのパクさんを
思い出せないもどかしさ

= 1 *Pak* (パクさん)

15 面倒臭さ

インスタント焼きそばのお湯を
捨てる面倒臭さ

= 1 *Yg* (ユギリ)

16 憎たらしさ

野球の敵選手の小さな
ガッツポーズに感じる憎たらしさ

= 1 *gp* (ガッツ)

#17 やさしさ

レトルトパックの小さな穴に感じるやさしさ

$= 1 \overset{レトルト}{Rt}$

#18 つまらなさ

殻を剥かれてしまった甘栗に感じるつまらなさ

$= 1 \overset{マロン}{Mr}$

#19 女々しさ

寝る時にオレンジ色の灯りをつける女々しさ

$= 1 \overset{オレンジ}{Or}$

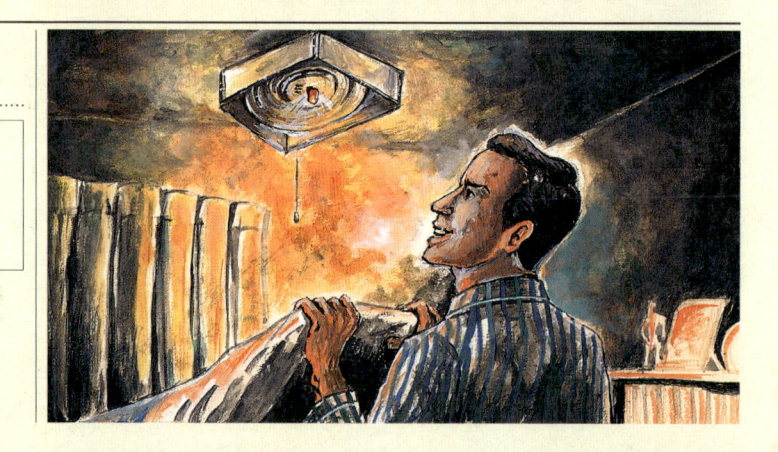

#20 潔さ

ポロリを承知で出演をOKする女性タレントの潔さ

$= 1 \overset{ポロリ}{Polo}$

#21 | 恥ずかしさ

麦茶の容れ物を他人に見られた時の恥ずかしさ

$= 1\,mc$ (ムギチャ)

#22 | エロチシズム

ドン・キホーテに漂うエロチシズム

$= 1\,Dnk$ (ドンキ)

#23 | 器用さ

漢字の"しんにょう"を綺麗に書きこなす器用さ

$= 1\,Sn$ (シンニョー)

#24 | 厚かましさ

肩をもみながら「○○選手」と声をかける厚かましさ

$= 1\,Sns$ (センシュ)

#25 気まずさ

ピザが一きれ残った時の気まずさ

$= 1 Pz$ (ピッツァ)

#26 日本人っぽさ

ダニエル・カールの日本人っぽさ

$= 1 dn$ (ダニエル)

#27 怖さ

エレベーターにグラサンをかけた男が乗ってきたときの怖さ

$= 1 gl$ (グラサン)

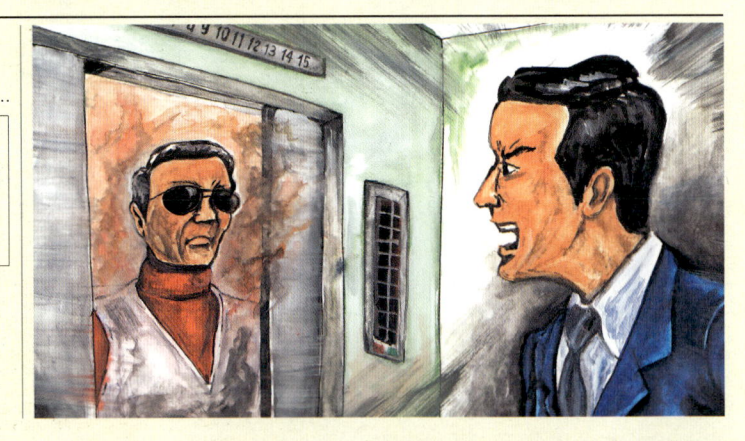

#28 汚さ

他人のお母さんが握ったおにぎりに感じる汚さ

$= 1 ng$ (ニギリ)

#29 カッコよさ

「ラジオ」を「レイディオ」と発音するカッコよさ

= 1 *Rd* (レイディオ)

#30 悪さ

体を流さずに湯船に飛び込む悪さ

= 1 *zb!* (ザブン)

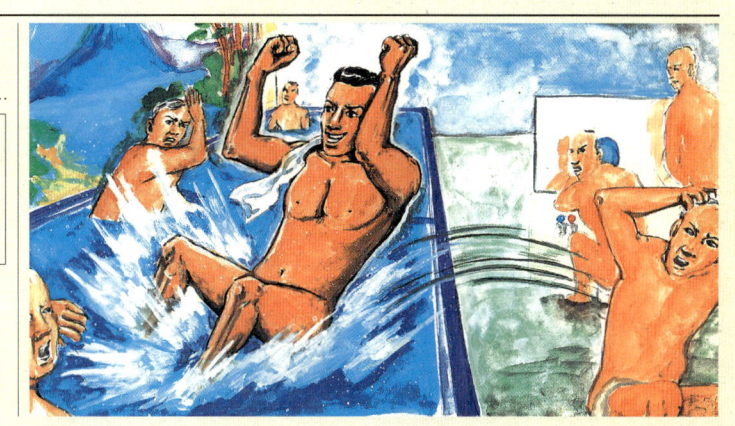

#31 はかなさ

お祭金魚のはかなさ

= 1 *Kg* (キンギョ)

Nouvelles unités neuves
Association Internationale à l'Autorisation des Unités
Sekai **T**an-i **N**intei **K**youkai
in collaboration with BS fuji

「新しい単位」と
「【新しい】新しい単位」の生みの親は、
この番組です。

宝島の地図

「コドモが夜中に盗み見るオトナの番組」というコンセプトでBSフジで好評放映中。
2003年7月より、「ニセ宝島の地図」としてリニューアルオープンします！
他の番組では決して見ることができない片岡Kのディープワールドが満喫できます。
今すぐ、番組公式ホームページにアクセスを！

http://www.bsfuji.tv/takarajima/

Ont collaboré à cet ouvrage

企画◉片岡 K
プロデュース◉吉田 豪（BSフジ）／有竹雅巳（add,2）／小泉ゆかり（add,2）
構成◉山名宏和／細川 徹
番組宣伝◉成相博之

挿画◉五月女ケイ子
デザイン◉寺井恵司
執筆◉松本洋子
翻訳◉大西愛子／板倉克子／赤井駒子
ＤＴＰ◉ディーキューブ
編集◉碇 耕一（扶桑社）

Nouvelles unités neuves
Association Internationale à l'Autorisation des Unités
Sekai Tan-i Nintei Kyoukai
in collaboration with BS fuji

【新しい】新しい単位

発行日	2003年6月20日 初版第1刷発行
編著者	世界単位認定協会
企　画	株式会社BSフジ
発行者	中村 守
発行所	株式会社扶桑社 〒105-8070　東京都港区海岸1-15-1 電話：03-5403-8870（編集部） 　　　03-5403-8859（販売部） http://www.fusosha.co.jp
印刷・製本	文唱堂印刷株式会社

定価はカバーに表示されています。
乱丁・落丁本は扶桑社販売部［書籍］までお送りください。
送料小社負担でお取替えいたします。

© FUJI Satellite Broadcasting INC., Amuse INC. ,Keiko Sootome, K Kataoka, Yoko Matsumoto, Fuso Publishing Inc.
Printed in Japan.
ISBN4-594-04102-7

The Latest Units of the World
Sekai Tan-i Nintei Kyoukai
in collaboration with BS fuji

まさか！の15万部大ヒット!!

2002年に認定された単位は「新しい単位」に収録されています。

ゴージャスさ／若々しさ／掟破り／最終回っぽさ／プロっぽさ／親不孝／せこさ／うっとうしさ／気前よさ／違和感／暑苦しさ／だらしなさ／たくましさ／もどかしさ／面倒臭さ／憎たらしさ／やさしさ／つまらなさ／女々しさ／潔さ／恥ずかしさ／エロチシズム／器用さ／厚かましさ／気まずさ／日本人っぽさ／怖さ／汚さ／カッコよさ／悪さ／はかなさ

定価：1000円

緊急事態＝Ott（オットット）

アナクロニズム＝Hkc（ハンカチーフ）

達成感＝Mco（ミチオ）

ラッキー＝Rg（レジ）

モテっぷり＝Whr（ホエア）

リッチさ＝Hjn（ヒョージュン）

玉にキズ＝Npr（ニッポリ）

ヒーローっぷり＝Hi（ハイ）

バカっぽさ＝$Chin$（チン）

しつこさ＝bk（バック）

ありきたりさ＝Htr（ホタル）

名残惜しさ＝cN（コーン）

仲睦まじさ＝As（アセ）

あっけなさ＝$iː$（イー）

【新しい】
新しい単位